초간단 일본어 첫걸음

머릿말

우리말은 자음 14개(ㄱ,ㄴ,ㄷ…), 모음 10개(ㅏ,ㅑ,ㅓ…)로 되어 있어요.
그럼 우리가 시작하려는 일본어는?

일본어는 히라가나(ひらがな) 50자,
카타카나(カタカナ) 50자,
한자(漢字)로 되어 있어.

이 많은걸 어떻게 한번에 외우냐고~

처음부터 50+50=100자나 되는 문자를 외우고 시작하면 좋겠지만, 글자 외우다 일본어를 포기하는 사람이 대부분.

그래서 우리는 문자를 외우지 않고도, 공부를 해 나가다 보면 저절로 문자를 외울 수 있도록 본책을 구성했어. 짱이지?

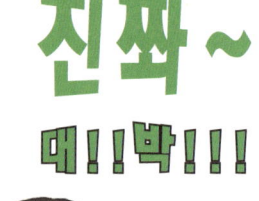

진짜~~~?
대!!박!!!

차례대로 순서대로 해 나가다 보면 단기간에 문자를 외울 수 있도록 하였으니, 히라가나 외우다 일본어를 포기하지 말고 순서를 지켜 서서히 서서히 진행해 나가도록 하자.

근데 진짜 단기간에 되는거야? 더 쉬운 방법이 있지 않을까?

일본어를 잘 하려면..일본에 직접 가서 살다 오면 저절로 잘 하게 돼.

그러나 현실적으로 이것은 불가능! 우리나라에서 아무리 열심히 외우고 공부한다 한들 몇 개월 일본현지에서 생활하다 온 사람들보다 일본어를 잘 하기가 쉽지 않은 거지.

그! 래! 서! 미카샘과 저자가 함께 하는 MP3를 다운로드 받아, 누구나 학원에 가지 않고 개인과외를 받는 것처럼 공부할 수 있지.

우리 말하는 거예요~

지금껏 나와 있는 강의와는 다르게 미카샘이 들려주는 재미있는 일본 문화 이야기는 일본에 가지 않고도 일본에 간 듯한 효과를 누릴 수 있어.

야.. 우리 일본 다녀 온거 같지 않냐?

좀 일어나!!

그리고 현지 사진과 일러스트도 많이 들어 있어. 지루하지 않게 공부할 수 있어.

또한, 강의 중간중간 원어민의 발음을 듣고 따라할 수 있도록 미카샘이 단어와 문장들을 읽어주며 강의를 진행 해, 책을 보지 않고 길이나 차 안에서 강의만 들어도 일본어학습 효과가 좋아.

나 부끄러워서 말이 안 떨어지는데 어떻게 하지?

얼레리 꼴레리~

그래서 우리나라에서 공부해야 하는 초보자는 일본인들이 생활 속에서 사용하는 단어들을 위주로 외우고 자주 사용하는 문장들로 공부를 하는 것이 지름길이야.

알겠어~ 이 책은 처음에 문자부터 외우고 시작하는 지루한 첫걸음 책이 아니구나.

감바레
がんばれ
화이팅!

일본여행을 위해 도전!!

문자를 외우는 것은 그때그때 필요할 때 외우라고 표시되었으니, 맞춰서 발음노트에 쓰며 외우면 되겠네.

재미있게
실제 회화문을 공부하면서
쉽게 쉽게
문자도 외워나가도록 하자.

이 책의 활용과 구성

1. 일본어의 오십음도

기본 글자인 히라가나(ひらがな)와 카타카나(カタカナ)를 보기 좋게 가로, 세로로 나열해 놓은 것을 오십음도라 한다. 맛보기로 들으면서 따라해 보자.

2. 일본여행을 위한 생생 회화문

각과의 처음에 여행과 관련있는 현지생활 문화에 대해 미카샘과 저자가 설명하였으므로, 한 번 읽어보고 생활에 관련된 강의를 들어보자.

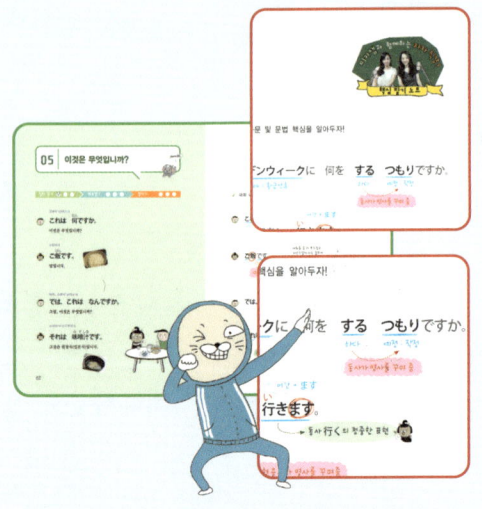

3. 누구나 따라하는 초간단 회화문

현지생활과 일본 여행에 꼭 필요한 단어와 문장들로, 대화문을 구성하였다.
이 책으로, 일본여행을 목표로 삼고 일본어에 도전해 보자.

4. 미카샘과 저자의 재미있는 강의 MP3

강의를 들으면서 대화문의 발음이나 문법표현을 개인과외 받아보자.
차 안이나 길위 어디서든 책을 보지 않고도 강의를 들으면서 학습할 수 있다.

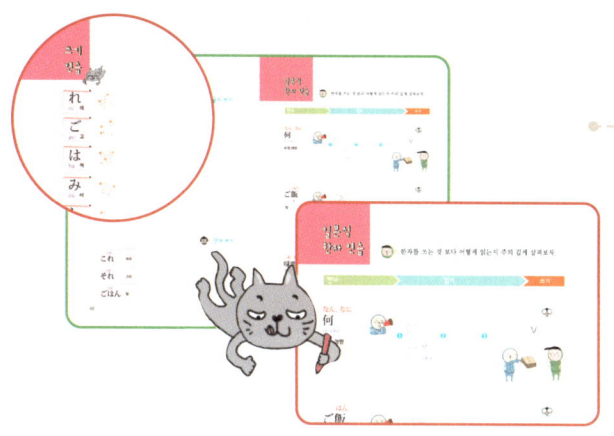

5. 쓰기연습 & 일본식 한자 연습

히라가나, 카타카나를 외우지 않고 바로 시작할 수 있다. 이 책의 학습이 끝나면 50음도에 나오는 히라가나를 모두 쓸 수 있게 만들었다. 원어민 발음을 들으면서 쓰기와 발음 연습을 동시에 해보자.

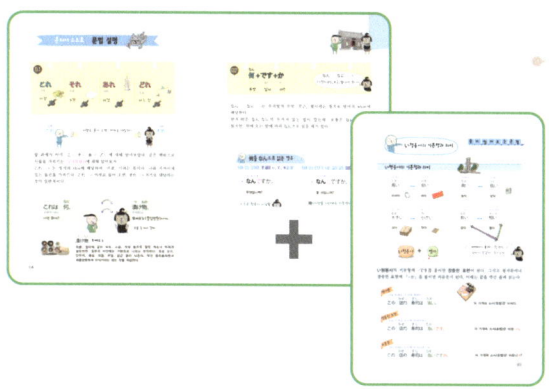

6. 회화에 꼭 필요한 문법 설명

재미있는 일러스트로 회화에 꼭 필요한 일본어의 기초문법을 쉽고 재밍씨게 익힐 수 있다.

7. 연습문제

각 과에서 학습한 내용을 문제를 풀어보며, 확인하고 복습하자.

부록

미카샘과 함께 하는 저자직강
MP3 다운로드

www.donginrang.co.kr

원어민 성우가 녹음한 본문 회화문과 미카샘과 함께 하는 저자 직강이 함께 녹음, 편집되어 있다.

합본부록

초간단 일본어 글씨본

오십음도의 순서대로 일본어 글씨를 외울 수 있도록 부록으로 제공해서 따로 들고 다니며 글자를 외울 수 있다.

머릿말	2
구성	6
오십음도 五十音図	12

01 성과 이름 — 16

일본인의 이름 — 20

명함의 한자 읽기

상대방을 부르는 호칭

연호란? — 26

02 일본어의 특징 — 28

다나까군은 학생입니까? — 32
田中君は 学生ですか。

일본어의 문자　　일본어의 어순

쉼표와 마침표　　정중한 표현

03 인사말　　　　　　　　　　　　　　　　40

안녕하세요! ························· 44
おはよう。

때에 따른 인사말

고마워요

어서 오십시오

04 도쿄와 교토　　　　　　　　　　　　　50

여기는 어디입니까? ··················· 52
ここは　どこですか。

ここ・そこ・あそこ・どこ

05 일본식 집밥　　　　　　　　　　　　　60

이것은 무엇입니까? ··················· 62
これは　何ですか。

これ・それ・あれ・どれ

06 음식 주문　　　　　　　　　　　　70

오늘의 추천 점심은 무엇입니까? · · · · · · · · · · · · · · · · · · · 72
えー、今日の　おすすめの　ランチは　何ですか。

どうぞ
ください

07 오사카의 봄 _ 벚꽃놀이　　　　　　　82

오사카의 계절은 어떻습니까? · 86
大阪の　季節は　どうですか。

〜が　あります

い형용사의 기본형과 의미 · 93

08 가족　　　　　　　　　　　　　　　96

가족은 몇 명인가요? · 98
ご家族は　何人ですか。

〜も　います

숫자・시간・종이・책을 셀 때

가족을 부르는 호칭

い형용사의 부정표현 · 110

09 골든위크 _ 온천여행　　112

온천여행　　116
～に 行きます
な형용사의 기본형과 의미　　123

10 JR 야마노테선　　126

표는 어디에서 삽니까?　　130
切符は どこで 買いますか。

いくらですか
경축일

기본동사들의 활용　　135

합본 부록

초간단 일본어 글씨본　　143

 오십음도 五十音図

영어발음 표기는 헤본식표기로 여권 등에 사용하는 공식표기법이다.

 TRACK 00

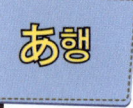 あ행

あ ア	い イ	う ウ	え エ	お オ
아 [a]	이 [i]	우 [u]	에 [e]	오 [o]

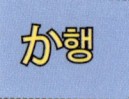 か행

か カ	き キ	く ク	け ケ	こ コ
까 [ka]	끼 [ki]	꾸 [ku]	께 [ke]	꼬 [ko]

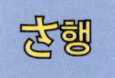 さ행

さ サ	し シ	す ス	せ セ	そ ソ
사 [sa]	시 [shi]	스 [su]	세 [se]	소 [so]

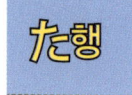 た행

た タ	ち チ	つ ツ	て テ	と ト
따 [ta]	찌 [chi]	쯔 [tsu]	떼 [te]	또 [to]

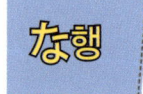 な행

な ナ	に ニ	ぬ ヌ	ね ネ	の ノ
나 [na]	니 [ni]	누 [nu]	네 [ne]	노 [no]

오십음도

본문

01 성과 이름

TRACK 01

1. 일본인의 이름

우리나라의 경우, 요즘은 한글이름이나 외자로 된 이름도 있지만 대부분은 성이 한글자 이름이 두글자로 되어 있다. 그러나 일본은 성이 두글자 이름도 두글자인 사람이 많다.

이름은 아이에게 행운과 행복을 기원하는 한자를 선택하거나, 존경하거나 좋아하는 사람의 이름을 따서 짓는다. 일본 정부는 2021년 약 3,231개의 한자를 이름에 사용할 수 있도록 확정하였다.

재미로 보는 일본인의 성 베스트3

1위　さとう(佐藤) 사또-
2위　すずき(鈴木) 스즈끼
3위　たかはし(高橋) 다까하시

우리가 흔히 알고 있는 다나까 たなか(田中)는 4위를 차지해.

이름 베스트3

남
1위　ひろし(博) 히로시
2위　としお(利雄) 또시오
3위　よしお(良夫) 요시오

여
1위　よしこ(良子) 요시꼬
2위　けいこ(恵子) 께-꼬
3위ずこ(和子) 까즈꼬

우리나라와는 달리 여성은 결혼을 하면 신랑의 성을 따라 바뀌게 돼.

성과 이름　17

2. 명함의 한자 읽기

명함에 있는 한자의 경우 발음이 같아도 쓰이는 한자가 다른 경우도 있으므로, 처음부터 한자를 다 외우려 하지 말고, 상대방의 명함을 받았을 때 한자를 모를 경우 물어봐도 부끄러운 일이 아니다.

3. 상대방을 부르는 호칭

상대방을 부르는 호칭은 매우 다양하다. 어느 나라말이나 가장 기초적이면서도 어려운 일 중의 하나이기도 하다. 그 나라의 문화를 모르면 상대방을 어찌 불러야할지 모르기 때문이다.

일본에서는 성과 이름을 차례대로 쓰는데, 성이나 직책 뒤에 ～さん 상 ～씨, 님을 붙여 부른다. 영어의 Mr.나 Mrs.(Ms.)와 같다.

우리가 일본에 여행가면 백화점이나 쇼핑센터에서 제일 많이 들리는 소리가 お客様 오꺅사마 이다. おきゃく 오꺅 손님 뒤에 さま 사마 를 붙여 정중한 뜻을 나타낸다. 또한 상대방의 아내를 부를 때도 마누라 보다는 **사모님**이라고 부르는 것이 예의일 터! 이럴 때는 奥様 옥사마 또는 奥さん 옥상 이라고 부르면 된다.

어린 아이나 가까운 친구 또는 애완용 동물들에게는 이름 뒤에 ～ちゃん 쨩, ～君 꿍 ～야, ～양, ～군 을 붙인다.

01 | 일본인의 이름

일단 듣기 ✓ ● ● ●   체크업!! ● ● ●   말하기 ● ● ●

다나까상
たなか
田中さん 　일반적인 사이

다나까씨

다나까꿍
たなかくん
田中君 　아랫사람이나 동년배의 남자를 부를 때

다나까군

다나까짱
たなか
田中ちゃん 　아랫사람이나 동년배 여자를 부를 때

다나까양

후꾸다상
ふくだ
福田さん

후꾸다씨!

✓ 대화 내용의 구문 및 문법 핵심을 알아두자!

田中さん (상)
일본인의 성 ~씨, ~님

ん의 발음: 문장 끝에 올 때 우리말 [ㅇ]으로 발음해.

田中君 (꿍)
~군

くん 꿍이라고 발음해.

田中ちゃん (쨩)
~군, ~양

히라가나의 요음 や(야) ya 를 반정도 크기로 줄여 쓰며, 앞의 글자와 합쳐서 발음해.

예) ち(찌) + や(야) = ちゃ(쨔)

福田さん (상)
여기서는 だ 다 로 발음

요음은 3개가있다.
ya yu yo
[や・ゆ・よ]

예) ち(찌) + や(야) = ちゃ(쨔)
ち(찌) + ゆ(유) = ちゅ(쮸)
ち(찌) + よ(요) = ちょ(쬬)

성과 이름 21

| 일단 듣기 ✓ ● ● | 체크업!! ● ● ● | 말하기 ● ● ● |

까쬬-(상)
か ちょう
課長(さん)   과장님!

다나까 센세-
た なか せんせい
田中先生   다나까 선생님

끼무라꿍
き むらくん
木村君   기무라군

즁꼬쨩
じゅんこ
順子ちゃん   준꼬짱

네꼬쨩
ねこ
猫ちゃん   야옹아~

わんちゃん 완쨩
멍멍아~, 강아지야~ 라는 뜻~

✓ 대화 내용의 구문 및 문법 핵심을 알아두자!

課長さん
かちょう / 과장
- 상
- 상대방의 과장님을 부를 때
- 직책에 さん을 붙여 불러.

田中先生
せんせい / 선생님
- 센 세-
- 학교나 병원에서 선생님을 부를 때

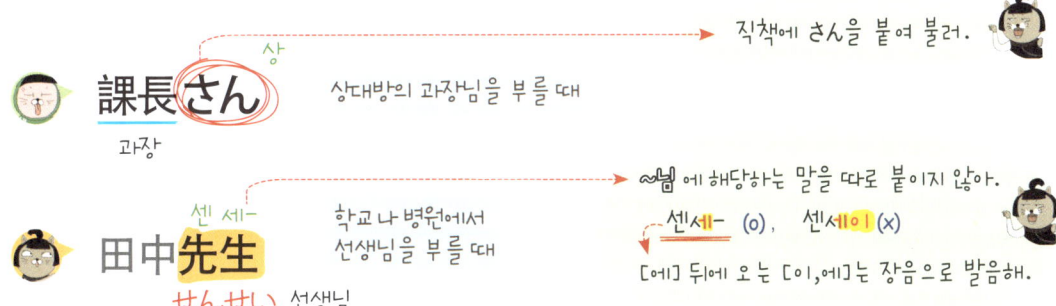

~님에 해당하는 말을 따로 붙이지 않아.
센세- (O), 센세이 (X)
[에] 뒤에 오는 [이, 에]는 장음으로 발음해.

木村君
- 남자 후배, 동년배를 부를 때

順子ちゃん
- 친구를 부를 때, 동년배를 부를 때

猫ちゃん
ねこ
- 네꼬
- 고양이(애완동물)을 부를 때

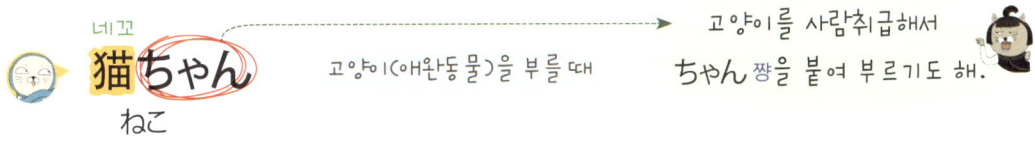

고양이를 사람취급해서 ちゃん 짱을 붙여 부르기도 해.

우선, 한자를 쓸지는 몰라도 읽는 법 정도는 알아두자.

일본식 한자 연습

TRACK 01

 한자를 쓰는 것 보다 어떻게 읽는지 주의 깊게 살펴보자.

たなか
田中
다 나까
다나까

① 田中 / たなか   ② ③   ☑ ☐ ☐

くん
君
꿍
~군

① 君 / くん   ② ③   ☐ ☐ ☐

かちょう
課長
까 쬬-
과장님

① 課長 / かちょう   ② ③   ☐ ☐ ☐

せんせい
先生
센세-
선생님

① 先生 / せんせい   ② ③   ☐ ☐ ☐

きゃく
お客
오 꺄꾸
손님

① お客 / おきゃく   ② ③   ☐ ☐ ☐

さま
様
사마
~님

① 様 / さま   ② ③   ☐ ☐ ☐

성과 이름

 연호란?

일본은 우리가 사용하는 년도(서기)와 함께 연호라는 것을 함께 사용한다.

우리나라에서 올림픽이 열렸던 1988년이 昭和 쇼-와 63년이며, 이듬해인 1989년 平成 헤-세- 원년이 시작되었다. 연호는 천왕이 즉위할 때마다 달라진다.

2019년 5월 1일부터 새로운 일왕인 德仁 浩宮 나루히또 히로노미야의 시대가 열렸으며, 연호는 令和 레-와로 결정되었다. れいわ 레-와 는 '사람들이 마음을 아름답게 맞대면, 그 안에서 문화가 자란다'는 뜻이다.

관공서 등에서는 연호만 사용할 때도 있으므로 알아두면 좋아.

연호	서기
平成 1년	1989년
~ ~	
平成 30년	2018년
令和 1년	2019년

Q 令和 1년은 서기 몇 년이었을까요?

昭和 쇼-와 　 令和 레-와

Q 빈 □에 들어갈 연호는 무엇일까요?

동전에는 연호만 표기되어있어. 2012년도에 만들어진 100엔짜리 동전이지.

 정답　1. 2019년　2. 平成　へいせい 헤-세-

 **연습문제**

1. 다음의 그림을 보고 어떤 호칭을 사용해야 할지 〈보기〉에서 골라 써 보세요.

   - くん 꿍
   - さん 상
   - 先生(せんせい) 센-세-
   - ちゃん 짱
   - かちょう 까쬬-
   - さん 상

   예

   やまどり
   (山鳥)
   → 山鳥 かちょう

   ① きむら
   (木村)
   →

   ② ふくだ
   (福田)
   →

   ③ たなか
   (田中)
   →

   ④ じゅんこ
   (順子)
   →

   ⑤ すずき
   (鈴木)
   →

    정답 1. 木村くん 2. 福田さん 3. 田中せんせい 4. 順子ちゃん 5. 鈴木さん

성과 이름

일본어의 특징

일본의 인구는 약 1억 3,000만 명 정도로 대부분이 일본어를 사용하고 있다. 중국의 한자가 우리나라를 거쳐 5~6세기경 전해진 후, 한자에서 변형된 **히라가나**와 **카타카나**가 만들어져 일본어의 문자가 되었다.

일본의 **표준어**는 수도인 도쿄를 중심으로 사용되는 언어로 TV방송 및 라디오, 영화와 같은 미디어의 영향으로 전국적으로 사용되고 있다. 그러나 교토나 오사카, 오키나와 등 지방 사람들이 사용하는 방언(지방 사투리)이 여전히 많이 사용되고 있기도 하다.

1. 일본어의 문자

❶ ひらがな   ❷ カタカナ   ❸ 漢字
  히라가나   카타카나   한자

1 ひらがな 히라가나

한자를 간단하고 부드럽게 흘림체로 만든 것으로 오늘날 모든 문장, 인쇄, 필기 등에 고루 쓰인다.

2 カタカナ 카타카나

카타카나 는 한자의 일부나 획을 간단히 해서 만든 것으로 외래어·인명·지명·의성어·의태어·문장을 강조할 때 등에 쓰인다.

3 漢字 한자

1981년부터 소학교(초등학교) 과정에서 **996字**를, 중학교 과정에서 **949字**를 더해 모두 **1,945字**를 상용한자로 지정하여 가르치고 있다. 우리의 한자와 대부분 뜻과 쓰는 법이 같으나, 속자에서 비롯된 **신자체**(新字体)를 고안하여 배우기 쉽고 쓰기 쉽도록 하였다.

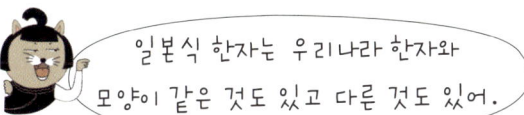

일본식 한자는 우리나라 한자와 모양이 같은 것도 있고 다른 것도 있어.

일본어의 특징

2. 일본어의 어순

기본적인 어순은 우리말과 비슷하여 우리말 단어나 조사, 동사 등을 순서대로 바꾸면 된다.

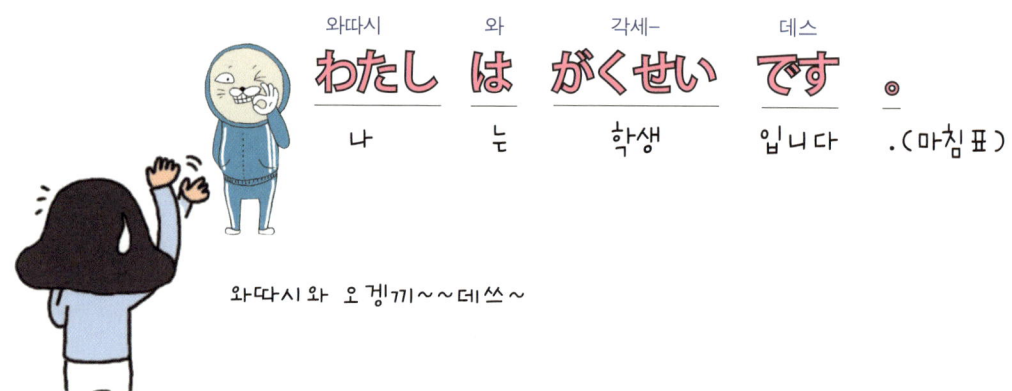

3. 쉼표와 마침표

원래 일본어는 띄어쓰기가 없으나 학습자들을 위해 본교재에서는 띄어쓰기를 했다. 세로쓰기가 일반적이었으나 요즘은 학습자용 교재나 과학, 기술, 정기 간행물 등은 가로로 쓰는 경우가 많다.

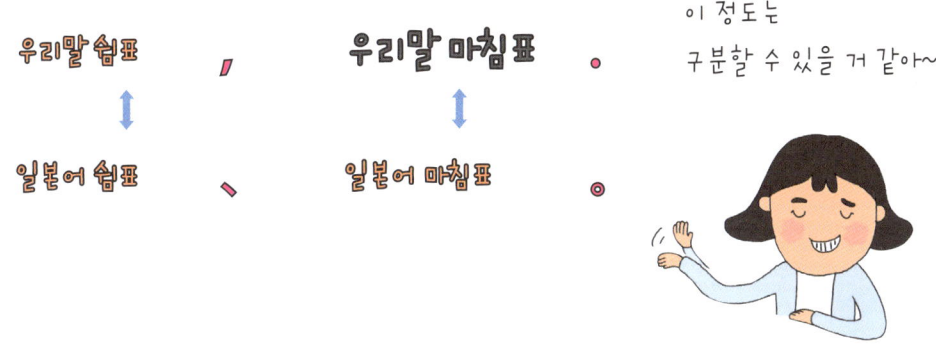

4. 정중한 표현

일본어에는 **게이고**라는 표현방법이 있다. 우리말의 존경어와 비슷한 개념으로 상대방에게 예의나 친절함, 정중한 마음을 나타내는 것이다.
겸양어는 자신을 낮춰 말하는 것으로 결론적으로는 상대방을 높이는 표현이 된다. 게이고를 익히는 것은 쉽지 않으나 자주 듣게 되는 표현은 본문에서 학습하도록 하자.

일본어의 특징

02 | 다나까군은 학생입니까?

TRACK 02

일단 듣기 ✔ ● ●   체크업!! ● ● ●   말하기 ● ● ●

다나까꿍와 각세-데스까
田中君は 学生ですか。

다나까군은 학생입니까?

하이, 보꾸와 각세-데스
はい、ぼくは 学生です。

네, 저는 학생입니다.

야마모또상와 각세-데스까
山本さんは 学生ですか。

야모모토씨는 학생입니까?

이-에, 와따시와 각세-데와 아리마셍
いいえ、私は 学生では ありません。

아니오, 저는 학생이 아닙니다.

✓ 대화 내용의 구문 및 문법 핵심을 알아두자!

田中君は 学生ですか。
~은/는   がくせい 학생
각 세-
의문을 나타내는 조사야.
한자와 발음에 유의!

はい、ぼくは 学生です。 *p36 참조
네   나, 저 *p37 참조
긍정의 대답
~입니다.
~だ ~이다의 정중한 표현

山本さんは 学生ですか。
~입니까?

いいえ、私は 学生では ありません。
아니오   나, 저
부정의 대답
~이 아닙니다. *p38 참조
= では ありません
は는 일반적인 발음은 [ha 하]이지만 조사로 쓰일 경우 [wa 와]로 발음해.

쓰기 연습

글자 쓰기

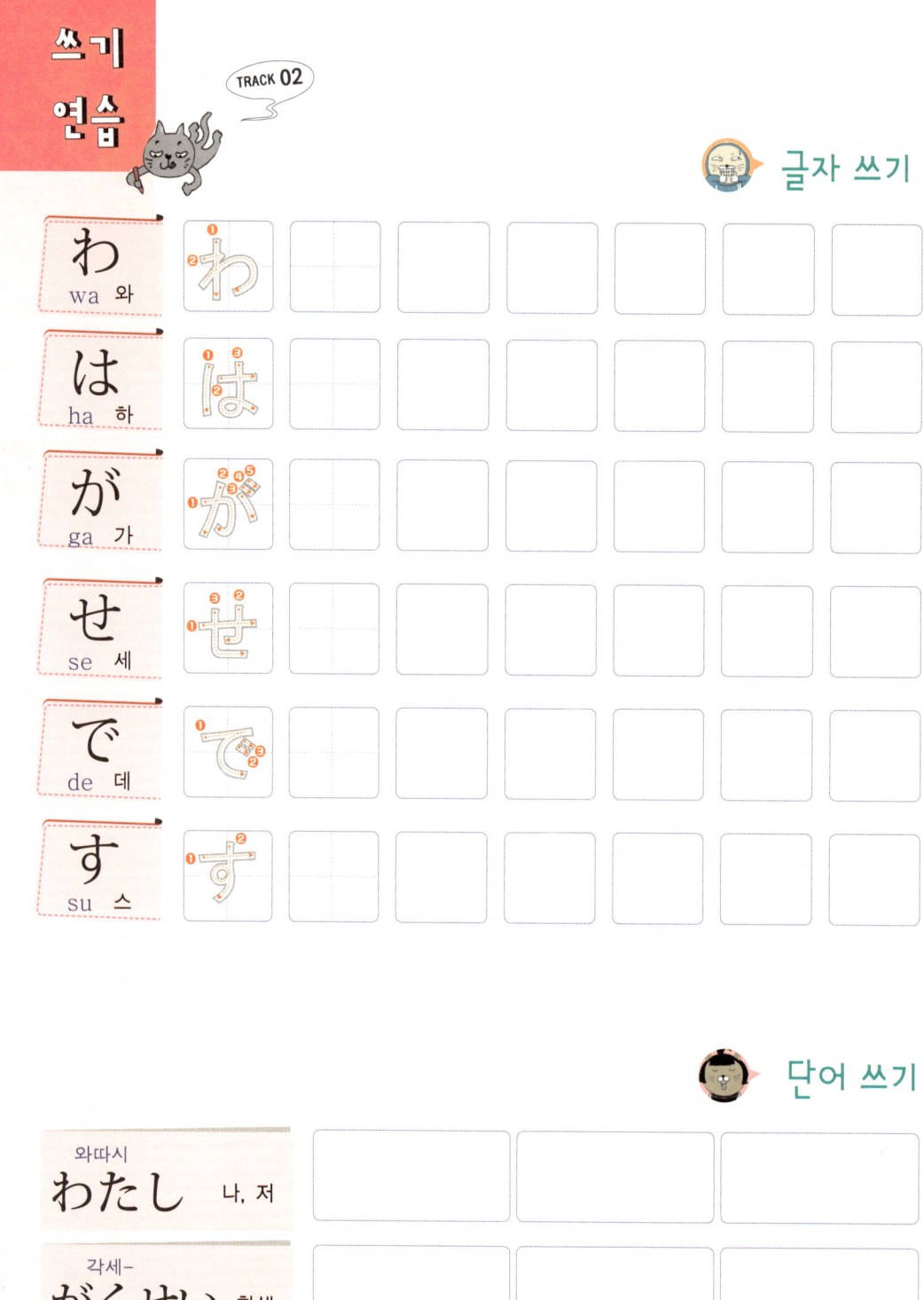

단어 쓰기

와따시
わたし 나, 저

각세-
がくせい 학생

데스
~です ~입니다

일본식 한자 연습

TRACK 02

 한자를 쓰는 것 보다 어떻게 읽는지 주의 깊게 살펴보자.

わたし
私
와따시

나, 저

① 私　② 　③
わたし

がくせい
学生
각세-

학생

① 学生　② 　③
がくせい

> がくせい
> 学生 각세-는 가꾸세이라고 발음하지 않도록 주의해.
> 세-　　에　　이에
> せい 의 경우, え단 뒤의 い/え는 장음으로 발음해.

せんせい
先生
센세-

선생님

① 先生　② 　③
せんせい

> 학생과 마찬가지로 선생님의 발음에 주의해.
> せんせい
> 예 **先生**　　센세-(○)　선생님
> 　　　　센세이(×)

일본어의 특징　35

혼자서 스스로 문법 설명

01 たなかくんは 学生ですか。
   がくせい
다나까꿍와 각세-데스까
다나까군은 학생입니까?

1 ~は 와 ~은/는

~は는 우리말의 ~은/는에 해당하는 주격조사이다.
일본어도 우리말과 같이 명사에 조사가 붙어 주어, 목적어 등을 나타낸다.

명사 + ~は (와)
~은/는

2 학생은 한자로 学生, 히라가나로 がくせい라고 쓰고 각세-라고 읽는다.
우리나라 한자로는 배울 학(學)을 써서 學生이라고 쓰지만, 일본식 한자는 앞에서 말한 것과 같이 간단하게 学生이라고 쓰는 것이다.

우리나라 한자   일본식 한자

3 ~です 데스는 ~だ다 ~이다 의 정중한 표현으로 ~입니다 라는 뜻이다.
か는 의문조사로 우리말에서도 물어볼 때 문장 뒤에 까?를 붙이는 것처럼 일본어에서도 발음도 비슷한 か를 문장 맨 뒤에 붙여 의문문을 나타낸다.
우리말은 의문문의 마지막에 ~?물음표를 붙이지만, 일본어에서는 。를 붙이고 끝을 약간 올려 읽는다.

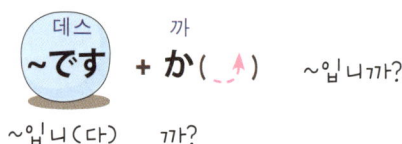

02 はい、ぼくは 学生です。
하이, 보꾸와 각세-데스
네, 저는 학생입니다.

1 はい _{하이}는 네라는 긍정의 대답이고, いいえ_{이-에}는 아니오라는 부정의 대답이다.

2 ぼく 나, 저

ぼく _{보꾸} 는 한자로 僕라고 쓰며, 남자가 자신을 가리키는 1인칭 대명사이다. 일반적이고 공식적인 자리에서 많이 쓰이는 1인칭 대명사는 남, 여 공용으로 쓰이는 わたし _{와따시} 이다. 남자들은 わたし, ぼく _{보꾸}, 俺 _{오레} 등을 사용하며, 여자들은 わたし_{와따시}, あたし_{아따시} 등을 사용한다.

혼자서 스스로 문법 설명

03 いいえ、私は 学生では ありません。
이-에, 와따시와 각세-데와 아리마셍
아니오, 저는 학생이 아닙니다.

1 ～では ありません 데와 아리마셍 ～이 아닙니다

～です 입니다의 부정표현은 ～では ありません ～이 아닙니다이다. 가까운 사이일 때 사용하는 ～だ ～이다의 부정표현은 ～では ない ～이 아니다 이다.

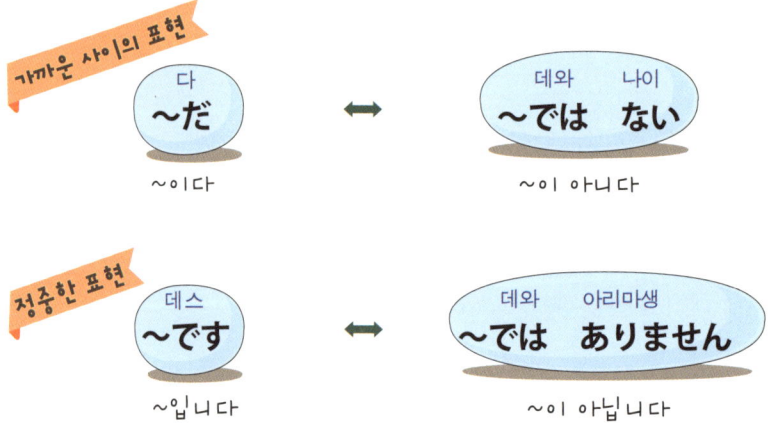

와따시와 센세-다
- わたしは 先生だ。　나는 선생님이다.

와따시와 센세-데와 나이
- わたしは 先生では ない。　　　　　　나는 선생님이 아니다.

와따시와 센세-데와 아리마셍
- わたしは 先生では ありません。　　나는 선생님이 아닙니다.

　　　와따시와 센세-데와 나이데스
　＝　　〃　　では ないです。　　　　　　　　〃

1. 보기에 주어진 단어를 나열하여 문장을 완성하세요.

   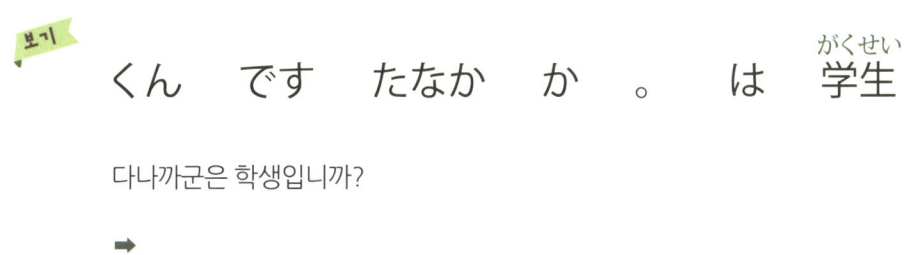

   다나까군은 학생입니까?

   ➡ _____

2. 우리말에 해당하는 일본어를 써 넣으세요.

   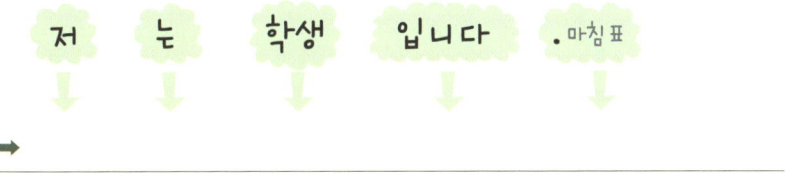

   ➡ _____

3. はい의 반대말을 고르세요.

   1. たなかくんは がくせいですか。 2. [저] [는] [학생] [입니다] [.]
      わたし は がくせい です
   3. ② 아니오

일본어의 특징 39

인사말

TRACK 03

일본에는 다양한 인사말이 있다. 만났을 때 우리와는 다르게 **아침·점심·저녁에 따라 인사말이 다르며**, 상대방에 따라, 상황에 따라 다르게 표현할 수도 있다.
헤어질 때도 마찬가지로 다양한 표현이 있으며 이번과에서는 가장 자주 쓰이는 표현들에 대해 알아보도록 하자.

1. 안녕! 안녕하세요! 만났을 때 인사

1 아침 **おはよう。** 오하요- 　　안녕! 안녕하세요!
집에서 아침에 눈 뜨자마자 만나는 가족에게 서로 인사할 때

자식이 부모에게, 부모가 자식에게, 형제자매끼리 서로 서로 인사할 수 있다.
더 정중한 표현으로 **おはよう ございます。** 오하요- 고자이마스 라고도 한다.

등교, 출근길에 친구나 선생님, 회사 동료, 직장 상사 등에게 인사할 때

학교에 가다 만난 친구나 선생님, 출근길에 만나는 경비아저씨, 버스 아저씨 또는 회사 동료나 직장 선후배 관계의 사람들을 만났을 때 서로 서로 인사할 수 있다.

2. 점심 こんにちは。 곤니찌와   안녕! 안녕하세요!
   저녁 こんばんは。 곰방와

아침인사와 마찬가지로 여러 사람들에게 인사할 수 있으나 뒤에 ございます 고자이마스를 붙여서 인사할 수는 없다.

2. 고마워(요).

아리가또-
1 **ありがとう。**

영어의 Thank you.에 해당하는 표현이 ありがとう。 아리가또- 이다.
ありがとう ございます。 아리가또- 고자이마스 는 더 정중한 표현으로 Thank you very much. 정도에 해당한다.

도-모
2 **どうも**

이 외, 앞집에서 음식을 나누어 주었을 때, 길을 물었을 때, 문을 열어주었을 때, 떨어뜨린 지갑을 주워주었을 때 등 일상생활에서 많이 쓰이는 표현으로 고마움의 표시를 할 때 どうも。 도-모 라고도 한다.

3. おかえり。 _{오까에리} 어서 와, (학교·회사) 잘 갔다 왔니?, 어서 오세요.

1 학교 갔다 돌아 온 자식에게, 직장에서 퇴근 하고 돌아온 사람에게는 おかえり。_{오까에리} 라고 한다.

2 いらっしゃいませ。 _{이랏샤이마세} 상점에서

일본으로 여행가면 제일 많이 들리는 소리가 いらっしゃいませ。_{이랏샤이마세} 이다. 상점이나 식당, 백화점, 시장 등에서 상인들이나 점원들이 큰소리로 손님을 맞으면서 하는 말이다. 요즘은 우리나라의 명동거리나 일본인들이 많이 오는 부산, 제주도 등의 백화점, 쇼핑 거리에서도 들릴 정도이다.

03 안녕하세요!

TRACK 03

일단 듣기 ✓ ● ● 　 체크업!! ● ● ● 　 말하기 ● ● ●

오하요-
おはよう。　　　안녕(하세요). 아침인사

곤니찌와
こんにちは。　　안녕(하세요). 점심인사

곰방와
こんばんは。　　안녕(하세요). 저녁인사

아리가또-
ありがとう。　　고마워(요).

도-이따시마시떼
どういたしまして。　천만에(요).

이랏샤이(마세)
いらっしゃい(ませ)。　어서 와. (어서 오십시오.)
　　　　　　　　　　　집이나 상점에서 손님을 맞이할 때

✓ 대화 내용의 구문 및 문법 핵심을 알아두자!

おはよう。
[ha] 하

こんにちは。
꼰 니 찌 와
[wa 와] 조사로 쓰일 때

[n,m,ŋ]로 발음 됨
뒤에 [d•n] 발음이 올 때 ➡ [n]
뒤에 [b•m] 발음이 올 때 ➡ [m]
뒤에 [ŋ] 발음이 올 때 ➡ [ŋ]

こんばんは。
꼼 방 와
[wa 와] 조사로 쓰일 때

ありがとう。
아 리 가 또 -
장음으로 길게 발음
아리가또- (o), 아리가또우 (x)

どういたしまして。
도- 이 따 시 마 시 떼
장음으로 발음
발음을 따라하며 한숨에 내뱉자!

いらっしゃい(ませ)。
히라가나 [つ]를 반정도 크기로 쓰며, 우리발음 [ㅅ]에 해당해.
뒤에 [ㄱ,ㄲ]음이 올 때 ➡ ㄱ받침
뒤에 [ㅂ,ㅍ]음이 올 때 ➡ ㅂ받침
뒤에 [ㄷ,ㅅ,ㅊ]음이 올 때 ➡ ㅅ받침

인사말 45

단어 쓰기

아리가또-
ありがとう
감사합니다

도-이따시마시떼
どういたしまして
천만에요

이랏샤이
いらっしゃい
어서오세요

인사말 47

일본식 한자 연습

 한자를 쓰는 것 보다 어떻게 읽는지 주의 깊게 살펴보자.

TRACK 03

こんにち
今日は
곤니찌와
안녕(하세요).

 今日は
① ② ③
こんにちは

 ☑ ☐ ☐

인사말에 쓰이는 한자는 쓰기보다 글자의 생김새를 잘 보아두도록 하자.

こんばん
今晩は
곰방와
안녕(하세요).

 今晩は
① ② ③
こんばんは

 ☐ ☐ ☐

1. 아침에 만났을 때 하는 인사말을 고르세요.

   ① おはよう。　　② こんにちは。　　③ こんばんは。

2. A에 대한 답으로 적절한 것은?

   ① こんばんは。

   ② いらっしゃい。

   ③ どういたしまして。

3. 학교나 회사에 갔다 집에 돌아와서 하는 인사말은?

   ① いらっしゃい。　　② ただいま。　　③ どういたしまして。

4. 밑줄 친 は의 발음이 다른 하나는?

   ① お<u>は</u>よう。　　② こんにち<u>は</u>。

   ③ こんばん<u>は</u>。　　④ 私<u>は</u> 学生です。

 1. ①　2. ③ 천만에요.　3. ② 다녀왔습니다.　4. ①　설명 ①은 [ha], ②③④는 [wa]

04 도쿄와 교토

일본의 **수도**는 **도쿄(東京)**이다. 일본은 **4개의 큰 섬**과 많은 작은 섬들로 이루어진 섬나라이며, 면적은 378,000㎢으로 독일, 베트남 등과 비슷한 크기의 면적이다. 대부분이 산지로 이루어져 있으며, 지진과 화산 활동이 잦고 온천이 많이 발달되어 있다.

인구는 약 1억 2346만 명 2024년 11월 현재 으로 우리나라 인구의 2배가 훨씬 넘는다.

〈료칸(일본식 온천)에서 나오는 고급 코스 요리〉

4개의 큰 섬은 지도에서 보듯이 홋카이도 北海道・혼슈 本州・시코쿠 四国・큐슈 九州 이며, 수도인 도쿄는 혼슈 本州의 동쪽에 위치해 있다.

일본의 수도가 어디게?

도쿄.. 교토?

① ほっかいどう 北海道 홋카이도

② ほんしゅう 本州 혼슈

③ しこく 四国 시코쿠

④ きゅうしゅう 九州 큐슈

교토

도쿄

지명을 학습하는 것은 어려운 편이나 일본의 주요 섬들은 알아두는 편이 좋아. 여행을 하거나 뉴스나 날씨 등을 볼 때 자주 나오는 지역이므로 어디에 위치해 있는지, 어떻게 한자를 읽는지 등은 알아두도록 해.

도쿄와 교토 51

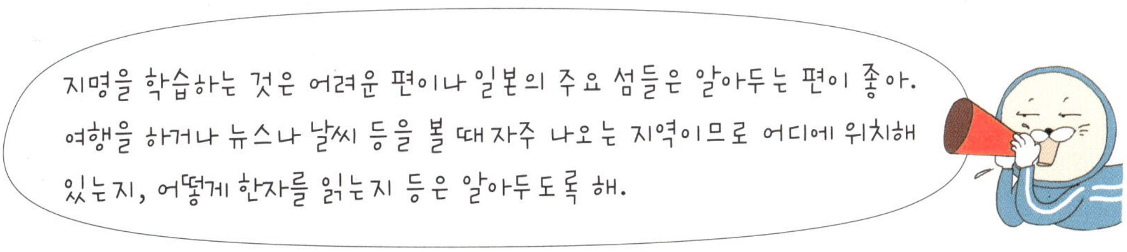

04 | 여기는 어디입니까?

TRACK 04

일단 듣기 ✓ ● ●   체크업!! ● ● ●   말하기 ● ● ●

고꼬와 도꼬데스까
ここは どこですか。
여기는 어디입니까? 〔지도에서 도쿄를 가리키며〕

도-꾜-데스
とうきょう
東京です。
도쿄입니다.

도쿄 스카이트리

데와, 고꼬와 도꼬데스까
では、ここは どこですか。
그럼, 여기는 어디입니까? 〔쿄토를 가리키며〕

소꼬와 쿄-또데스
きょうと
そこは 京都です。
거기는 교토입니다.

교토타워

✓ 대화 내용의 구문 및 문법 핵심을 알아두자!

ここは どこですか。
・p56 참조   ・p57 참조
여기   어디

東京です。
→ 도쿄는 행정상 23개의 구(区)로 나뉘어.
도청 소재지는 신주쿠구(新宿区)에 있어.

일본의 수도 とうきょう
인구(23구(区)) 약 833만명 (2024)

では、ここは どこですか。
= じゃ 쟈 그럼, 그러면

→ 경제·문화·관광의 중심지야

そこは 京都です。
거기

일본의 옛 수도 きょうと
인구 ; 약 1,460만명 (2024)   ・p58 참조

도쿄와 교토 53

쓰기 연습

TRACK 04

글자 쓰기

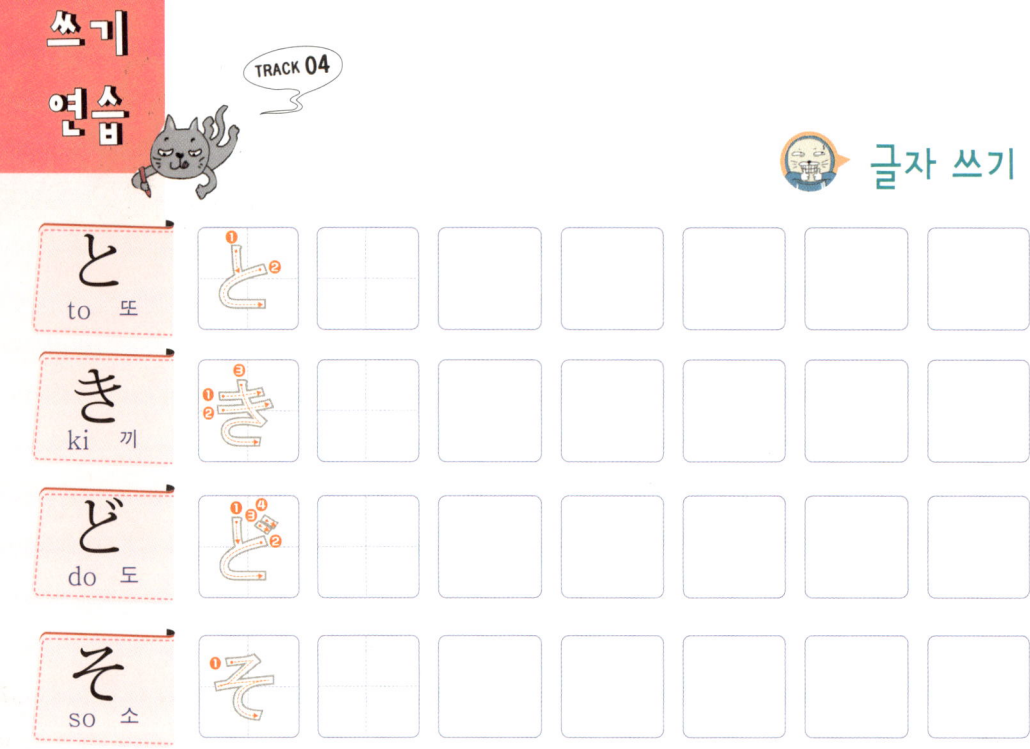

단어 쓰기

일본식 한자 연습

TRACK 04

 한자를 쓰는 것 보다 어떻게 읽는지 주의 깊게 살펴보자.

とう きょう
東京
도- 꾜-
도쿄

 東京 ❶ ❷ ❸ ☑ ☐ ☐
とう きょう

きょう と
京都
교- 또
교토

 京都 ❶ ❷ ❸ ☐ ☐ ☐
きょう と

도쿄와 교토의 한자 중, 공통적으로 京(きょう)가 쓰이는 것을 잘 보아 두자.

〈교토의 류안지〉

도쿄와 교토 55

혼자서 스스로 문법 설명

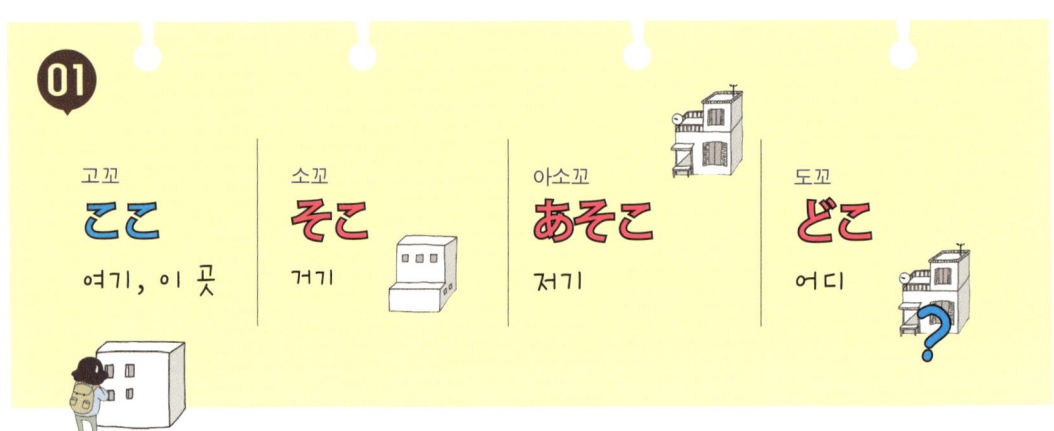

나에게서 가장 가까이 있을 때는 こ, 조금 떨어져 있을 때는 そ, 조금 더 멀리 떨어져 있을 때는 あ, 의문문은 ど를 사용한다.

おおさかじょう
大阪城 오-사카죠-

오사카성은 우리가 잘 알고 있는 豊臣秀吉(도요토미 히데요시)가 1583년 오사카에 지은 성이다. 금박 기와, 금장식을 붙인 천수각은 벚꽃이 아름다워 관광지로도 유명하다.

1 どこですか 어디입니까?

어디   입니   까?

どこ는 우리말의 **어디**라는 뜻으로 영어의 where에 해당한다.

<small>토이레와   도꼬데스까</small>
- トイレは どこですか。   화장실은 어디입니까?

<small>니   아리마스까</small>
= 〃   に ありますか。   화장실은 어디에 있습니까?

▶▶ トイレ 토이레 화장실

2 では 그럼, 그러면

그럼, 그러면

では는 우리말의 **그럼, 그러면**의 뜻으로, 말을 돌릴 때 사용한다.
회화체에서는 줄여서 じゃ라고도 많이 한다.

02 京都 (きょうと) 교토

〈교토 기온 축제〉

794년~1868년까지 약 1,000년간 일본의 수도였던 **교토**는 혼슈의 서쪽 중앙에 위치하며, 일본 서쪽지역의 중심지이기도 하다. 세계적으로 유명한 관광지로 오랜 전통의 도시이다.

교토 가까이에 **오사카 大阪(おおさか), 고베 神戸(こうべ)** 등이 한데 모여 일본 서쪽지역의 경제의 중심지를 이룬다. 이들 지역을 합쳐 **간사이 関西(かんさい)** 지역으로 부르며, 도쿄를 중심으로 하는 동쪽 지역을 **간또- 関東(かんとう)** 지역이라 한다.

 이 지역 사람들은 간사이방언(사투리)를 사용하지만, 우리가 배운 표준어를 사용해도 대화가 가능하므로 우선은 도쿄를 중심으로 한 표준어를 기본으로 학습하도록 해.

〈교토 키요미즈테라〉

교토에는 17개의 건축물이 세계문화유산으로 지정되어 있는데, 우리에게 유명한 것은 교토시 전체를 내려다 볼 수 있는 절인 키요미즈테라 清水寺(きよみずてら)가 있다.

1. 다음 중, 일본의 수도는 어디입니까?

   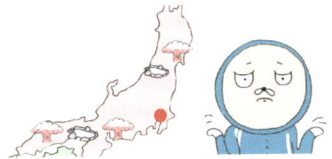　　① 京都　② 大阪　　③ 東京

2. A에 대한 답으로 적절한 것은?

   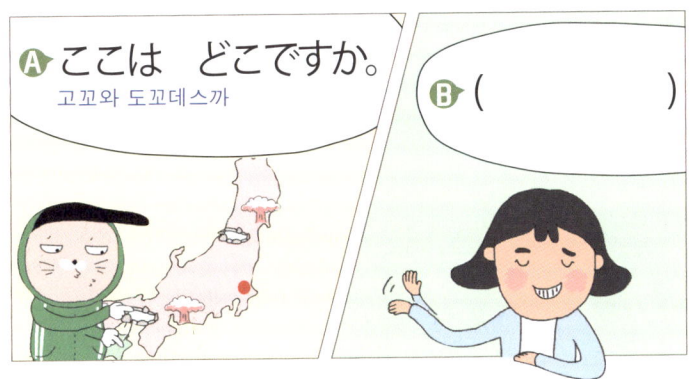

   ① 東京です。
   ② いらっしゃい。
   ③ 学生です。

3. A와 B에 적당한 말은?

   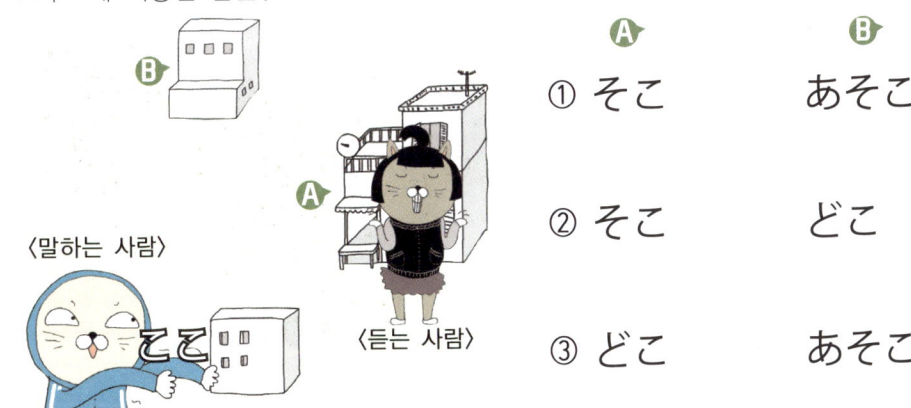

	A	B
①	そこ	あそこ
②	そこ	どこ
③	どこ	あそこ

   정답 1. ③　2. ①　3. ①　설명 말하는 사람 가까운 곳은 [ここ], 듣는 사람 가까운 곳은 [そこ], 둘 다 멀리 떨어져 있는 곳은 [あそこ]

05 일본식 집밥

일본식 집밥의 기본은 우리나라와 비슷하다. 기본적으로 아침, 점심, 저녁의 주식인 쌀을 중심으로 된장국, 구운 생선, 계란말이, 냉두부, 채소절임, 김, 낫또 등을 함께 먹는다. 이것을 기본으로 가족의 기호에 맞게 조리한 야채, 소고기, 돼지고기, 닭고기, 사시미(회), 카레와 같은 음식들을 곁들여 먹는다.

아이들은 스파게티나 햄버거 등을 좋아하기도 하지.

일본의 숟가락과 젓가락은 대부분 나무로 만들어져 있으며, 밥은 숟가락이 아닌 젓가락으로 먹고, 국은 입으로 마신다. 숟가락으로 먹지 않기 때문에 밥공기나 국그릇은 들고 먹는 것이 당연하며 예의에 어긋난 것이 아니다.

일본식 집밥

05 | 이것은 무엇입니까?

일단 듣기 ✓ ● ● → 체크업!! ● ● ● → 말하기 ● ● ●

고레와 난데스까

これは 何(なん)ですか。

이것은 무엇입니까?

고한데스

ご飯(はん)です。

밥입니다.

데와, 고레와 난데스까

では、これは なんですか。

그럼, 이것은 무엇입니까?

소레와 미소시루데스

それは 味噌汁(みそしる)です。

그것은 된장국(일본식)입니다.

✓ 대화 내용의 구문 및 문법 핵심을 알아두자!

これは 何ですか。
이것 なん 무엇
*p 66 참조 *p 67 참조

ご飯です。
はん 밥, 식사
*p 68 참조
대화를 좀 더 부드럽고 자연스럽게 하는 접두어
~입니다.

では、これは なんですか。
은

それは 味噌汁です。
그것 みそ 된장 + しる 국 = 된장국

일본식 집밥 63

쓰기 연습

TRACK 05

글자 쓰기

| れ re 레 |
| ご go 고 |
| は ha 하 |
| み mi 미 |
| し shi 시 |
| る ru 루 |

단어 쓰기

| 고레
これ 이것 |
| 소레
それ 그것 |
| 고항
ごはん 밥 |

일본식 한자 연습

TRACK 05

 한자를 쓰는 것 보다 어떻게 읽는지 주의 깊게 살펴보자.

なん, なに
何
난, 나니
무엇, 어떤

① 何　② ③
なん, なに

はん
ご飯
고　항
밥

① ご飯　② ③
ご はん

우리나라처럼 밥(식사)은 드셨어요? 와 같이 식사를 의미하기도 해.

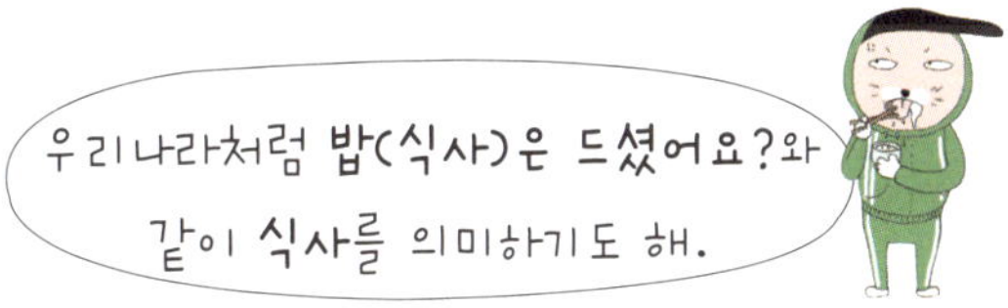

み そ しる
味噌汁
미　소　시루
된장국

① 味噌汁　② ③
み そ しる

일본식 집밥

혼자서 스스로 문법 설명

앞 과에서 이미 こ고·そ소·あ아·ど도 에 대해 알아보았다. 같은 맥락으로 사물을 가리키는 지시대명사에 대해 알아보자.

これ 고레 는 영어의 this에 해당하며, **이것,** 이라는 뜻이다. 나와 가까이에 있는 물건을 가리킨다. これ 고레로 물어 오면, それ 소레로 대답하는 것이 일반적이다.

 漬け物 쯔께모노

피클, 장아찌 같이 식초, 소금, 된장 등으로 절인 채소나 야채의 절임반찬. 일본의 식단에는 기본으로 나오는 반찬이다. 주로 오이, 단무지, 매실, 피클, 우엉, 당근 등이 나온다. 약간 짭조름하면서 새콤달콤하며 아삭거리는 씹는 맛을 제공한다.

02 何+です+か
난 데스 까
무엇 입니 까?

なん 난 · なに 나니는 우리말의 **무엇, 무슨, 몇**이라는 뜻으로 영어의 what에 해당한다.

❶ なん 난
❷ なに 나니

무엇, 무슨, 몇

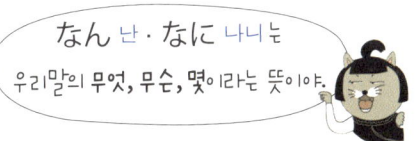
なん 난 · なに 나니는
우리말의 무엇, 무슨, 몇이라는 뜻이야.

한자 **何**은 なん·なに의 두가지 읽는 법이 있는데, 보통은 なに나니 라고 읽지만, 뒤에 오는 말에 따라 なん 난 으로 읽을 때가 있다.

何를 なん으로 읽는 경우

뒤에 오는 단어의 첫 음이 ㄴ, ㄷ, ㅌ 일 때

난 데스까
• **なん**ですか。

무엇입니까?

[ㄷ]로 첫음이 시작됨

뒤에 오는 단어가 수량, 길이 같은 의존명사가 올 때

난 지데스까
• **なんじ**ですか。
　　　　時 의존 명사

몇 시입니까?

時 : 시간을 나타내는 의존명사

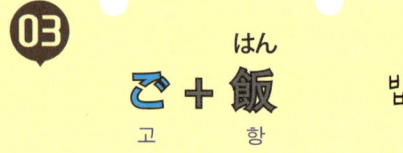

일본어에서는 단어 앞에 お 오·ご 고를 붙여 말하면서 **상대방에 대한 정중한 뜻이나 존경의 뜻을 나타낸다. 대화를 좀 더 부드럽고 아름답게 하는 경우도** 사용한다. 자주 나오는 표현들은 나올 때마다 알아두도록 하자.

일본여행을 가서 호텔 등의 숙박시설에 가면 숙박카드를 작성해야 하는데, 기본적으로 주소와 이름 등을 적게 되어 있어.

味噌는 **된장**, 汁는 **국,국물**을 뜻하며, 합쳐져서 **된장국**을 의미한다. 이렇듯 단어와 단어가 합쳐져 하나의 단어를 만들기도 한다.
일본의 된장은 우리나라에도 판매되는 곳이 많다. 일본식 된장국은 젓가락으로 한 두번 휘저어 그릇을 들고 입으로 마신다.

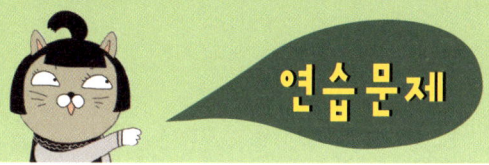

1. 보기의 단어에 붙을 수 있는 적절한 접두어는?

   보기
   ( ) 住所(じゅうしょ)   ① お   ② ご   ③ と

2. (   )에 적절한 말은?

① どこ

② なん

③ では

3. 밑줄 친 한자의 읽는 법이 다른 하나를 고르세요.

정답 1. ② 2. ② 3. ② 설명 ①,③은 [なん], ②은 何色 [なにいろ]

# 06 음식 주문

TRACK 06

외식은 우리나라처럼 다양하게 즐길 수 있다. 맛있는 음식점이나 대를 이어 영업을 하는 곳은 사람들이 긴 줄을 서서 먹는 것도 마다하지 않는다. 직접 손으로 만드는 정성스런 음식이나 보기에 좋고 먹음직스런 음식들이 많은 사랑을 받는다.

간단하게 식사대용으로 먹을 수 있는 것들은 튀김정식을 비롯해 카레, 스파게티, 덮밥, 소바·우동, 초밥, 도시락(에키벤), 라면, 햄버거 등이 있다.
앉아서 종업원에게 주문을 하는 식당이나 자동판매기에서 식권을 구입해서 주문하는 곳 등 주문하는 방법은 우리나라와 비슷하다.

음식 주문

06 | 오늘의 추천 점심은 무엇입니까?

TRACK 06

일단 듣기 ▸ 체크업!! ▸ 말하기

이랏샤이마세
いらっしゃいませ。

어서 오십시오.

메뉴-오 도-조
メニューを どうぞ。

메뉴입니다. 〈메뉴판을 건네며〉

에-, 쿄-노 오스스메노 란치와 난데스까
えー、今日の おすすめの ランチは 何ですか。
　　　　　きょう　　　　　　　　　　　　　なん

저, 오늘의 추천점심은 무엇입니까?

하이, 뗌뿌라노 떼-쇼꾸데스
はい、てんぷらの 定食です。
　　　　　　　　　　てい しょく

네, 튀김정식입니다.

데와, 소레 니님마에 구다사이
では、それ 2人前 ください。
　　　　　　　　に にん まえ

그럼, 그걸로 2인분 주십시오.

✓ 대화 내용의 구문 및 문법 핵심을 알아두자!

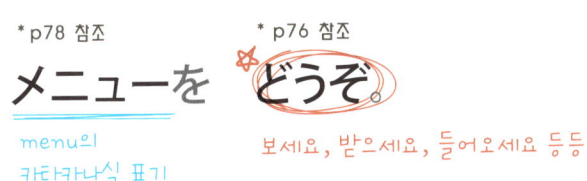

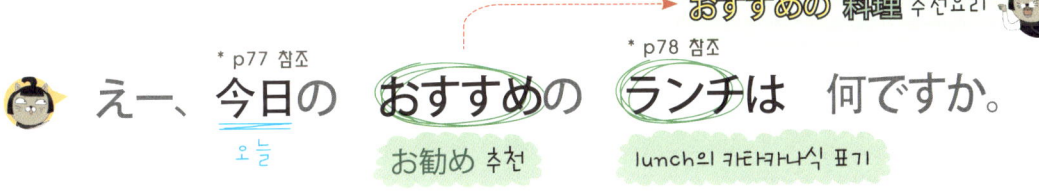

はい、てんぷらの 定食です。
　　　　튀김정식

では、それ  ください。

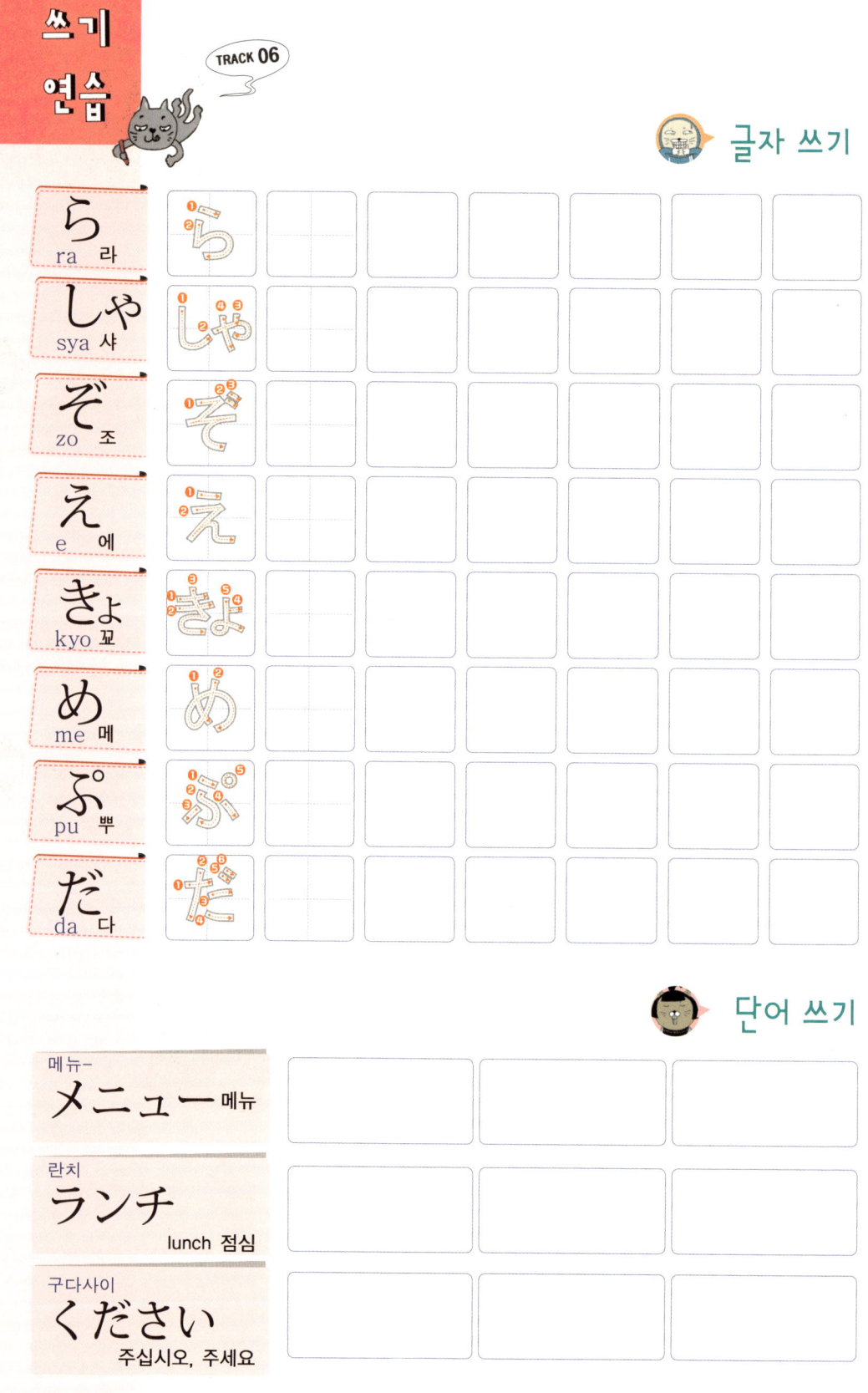

일본식 한자 연습

TRACK 06

 한자를 쓰는 것 보다 어떻게 읽는지 주의 깊게 살펴보자.

きょう
今日
꾜-
오늘

① 今日 ② ③   ☑ ☐ ☐
   きょう

てい しょく
定食
떼-쇼꾸
정식

① 定食 ② ③   ☐ ☐ ☐
   ていしょく

～にん まえ
～人前
～님마에
～인분

① ～人前 ② ③   ☐ ☐ ☐
   ～にんまえ

음식 주문 75

혼자서 스스로 문법 설명

01 メニューを どうぞ。 (여기) 메뉴판을 받으십시오.
메뉴-오 도조

メニュー메뉴-는 영어 menu의 카타카나 표기이다. 영어와 같이 외래어나 강조하고 싶은 말은 카타카나로 표기한다. 자주 쓰이는 카타카나는 잘 알아두자.

1 ~を ~을/를

~を는 우리말의 **을/를**에 해당하는 목적격 조사이다. 조사로만 쓰인다.

명사 + ~を
~을/를

2 どうぞ 도-조 받으세요, 오십시오, 말하세요, 드세요, 들어오세요

どうぞ는 뒤의 말이 생략되어 여러 가지 뜻을 나타내는데, 자주 사용하는 표현이므로 나올 때마다 그때 그때 뜻을 잘 알아두도록 하자.
받으세요, 오십시오, 말하세요, 드세요, 들어오세요 등등 무엇인가를 권하는 듯한 의미가 들어 있다.

고찌라에 도-조
- こちらへ どうぞ。

  이쪽으로 들어오세요.

02 今日の おすすめの ランチ　오늘의 추천점심
꾜-노 오스스메노 란치

1 今日는 오늘이라는 뜻, お勧め는 추천이라는 뜻이다. 상점이나 음식점에서 그날 그날 특별히 제공하는 상품에 **추천한다**는 의미의 표현을 사용한다.

2 〜の ~의

〜の는 ~의라는 뜻으로, 명사와 명사사이를 이어주는 조사인데, 해석을 할 때는 굳이 따로 하지 않아도 좋다. 고유명사의 경우 〜の 를 사용하지 않는다.

명사 + 〜の(노, ~의) + 명사

東京大学 도쿄대(학교)

- てんぷらの 定食
  떰뿌라노 떼-쇼꾸 ていしょく

  튀김 정식

음식 주문

혼자서 스스로 문법 설명

3 **ランチ** 란치 점심

ランチ는 영어 lunch 런치 **점심식사**의 카타카나식 표현이다. 일본어로는 昼ご飯 히루고항이라고 한다. 昼(점심, 낮) + ご飯(밥, 식사)의 두 단어가 합쳐진 말이다.

이처럼 외래어는 일본식발음으로 현지화해서 읽는데, 카타카나로 표기한다.

코-히- コーヒー	키무치 キムチ	팡 パン
coffee 커피	김치	pão 빵
테레비 テレビ	메뉴- メニュー	콤비니 コンビニ
television 텔레비전, TV	menu 메뉴	convenience store 편의점

음식점에서 주문할 때 자주 쓰는 말로, 前만 쓰이면 **앞, 먼저**라는 뜻이지만, 숫자와 함께 쓰이면 **~인분, 몫**의 뜻을 나타낸다.

04 ください
구다사이

주십시오, 주세요

くださいは 下さい라고도 쓰며, 명사나 동사의 변화형 등과 함께 쓰여 여러 가지 뜻을 나타내는 중요한 표현이다.
동사 くださる 구다사루 주시다의 변화형으로, 자세한 것은 뒤에서 학습하기로 하고 여기서는 그 뜻을 잘 기억해 두도록 하자.

~을/를 주십시오, 주세요

고노 꾸다모노오 구다사이
- この くだものを ください。

  이 과일을 주세요.

  ▶▶ くだもの(果物) 꾸다모노 과일

1. (   )에 들어갈 적절한 단어는?

① どうも
② どうぞ
③ ください

2. 시간의 순서에 맞게 빈칸을 채우세요.

(   )　　きょう　　(   )
어제　　　오늘　　　내일

① あした, きのう
② あさって, あした
③ きのう, あした

3. 밑줄 친 단어와 같은 표현은?

それ　<u>2人前</u>　ください。
그걸로 2인분 주세요.

① いちにんまえ
② ひとりぶん
③ ふたりぶん

　1. ②　2. ③　설명 > あさって 모레　3. ③

07 오사카의 봄 _ 벚꽃놀이

TRACK 07

어떤게 꽃이고 어떤게 사람인지 구분 못 하겠지?

아니.. 확실하게 구분되는데?

덩실~ 덩실~

날이 좋으니 절로 노래가 나오네~

워~워~ 진정해 줄래?

도쿄나 오사카, 교토 등 전국 각지에서 봄이 오면 花見하나미가 펼쳐져.

桜狩り사꾸라가리 벚꽃놀이 라고도 하며, 우리나라처럼 흐드러지게 핀 벚나무 아래 돗자리를 깔고 앉아 술을 마시거나 음식을 먹거나 노래를 부르면서 벚꽃을 감상하고, 모임을 갖거나 축제를 연다.

花見하나미 는 원래 꽃놀이, 꽃구경이라는 의미이나 흔히 벚꽃놀이를 말하기도 해.

물론 지구온난화로 이상기후가 나타나기도 하지만, 도쿄나 오사카 등은 대개 春하루 봄 3~5월, 夏나쯔 여름 6~8월, 秋아끼 가을 9~11월, 冬후유 겨울 12~2월로 나뉜다.

〈오사카의 봄〉　〈도쿄의 여름〉
春하루 봄　夏나쯔 여름
しき 四季 사계절
冬후유 겨울　秋아끼 가을
〈홋카이도의 겨울〉　〈교토의 가을〉

일본도 우리나라처럼 4계절이 뚜렷한 편이다. 남북으로 길게 뻗어있어 북쪽의 홋카이도는 겨울이 길고 남쪽의 오키나와는 여름이 길다.

오사카의 봄

07 오사카의 계절은 어떻습니까?

> 일단 듣기 ✓ ● ● ▶ 체크업!! ● ● ● ▶ 말하기 ● ● ●

오-사까노 끼세쯔와 도-데스까
大阪の 季節は どうですか。
오사카의 계절은 어떻습니까?

하루, 나쯔, 아끼 소시떼 후유노 욧쯔노 끼세쯔가 아리마스
春、夏、秋 そして 冬の 4つの 季節が あります。
봄, 여름, 가을 그리고 겨울의 4계절이 있습니다.

데와, 오-사까노 하루모 아따따까이데스까
では、大阪の 春も あたたかいですか。
그럼, 오사카의 봄도 따뜻합니까?

소-소-. 아따따까이데스
そうそう。あたたかいです。
그럼요, 그럼요. 따뜻해요.

모-스구 하나미도끼데스요
もうすぐ 花見時ですよ。
머지않아 꽃놀이철이랍니다.

✓ 대화 내용의 구문 및 문법 핵심을 알아두자!

　　　　　　　　　* p90 참조
大阪の　季節は　どうですか。
　~의　　　　　　어떻습니까?　　상태에 관한 질문

동사 ある의 정중형

春、夏、秋　そして　冬の　4つの　季節が　あります。
　　　　　　그리고　　　　よっつ　　　　　~이 있습니다. * p91 참조

　　　　　　　　* p93 참조
では、大阪の　春も　あたたかいですか。
　　　　　　　~도　 따뜻하다 + ~입니까?
　　　　　　　　　　　　　∞
　　　　　　　　　　　따뜻합니까?

そうそう。あたたかいです。

* p94 참조　　　どき 때, 시기
もうすぐ　花見時ですよ。
곧, 머지않아　花見 + 時 꽃놀이

쓰기 연습

TRACK 07

글자 쓰기

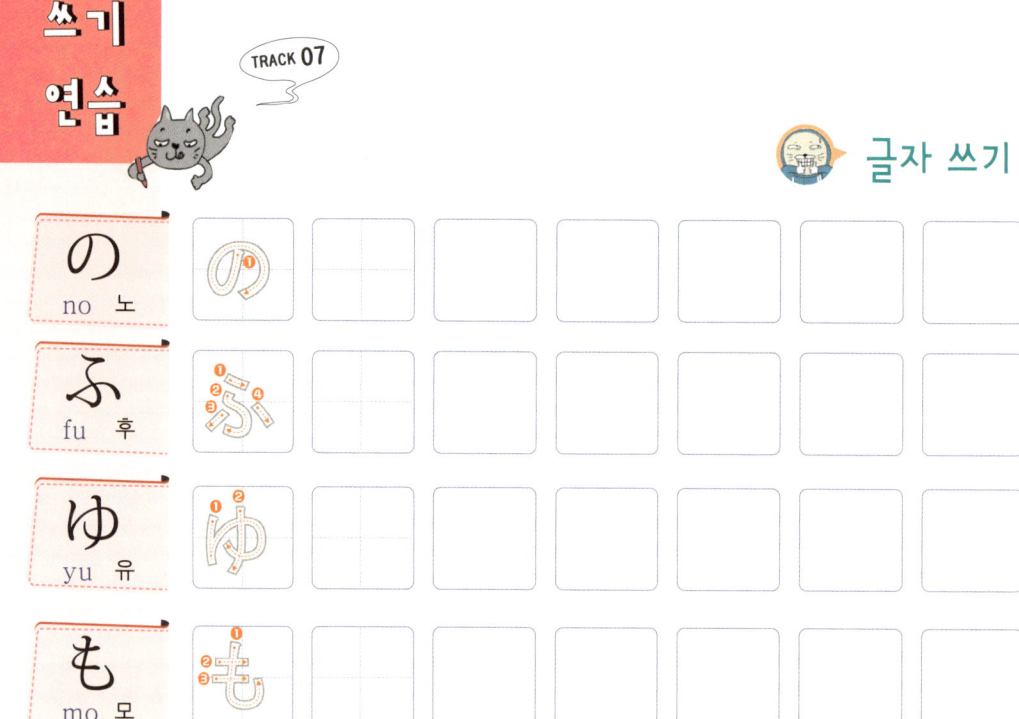

단어 쓰기

일본식 한자 연습

한자를 쓰는 것 보다 어떻게 읽는지 주의 깊게 살펴보자.

TRACK 07

はる
春 하루
봄

① 春　② 　③ 　☑ ☐ ☐
はる

なつ
夏 나쯔
여름

① 夏　② 　③ 　☐ ☐ ☐
なつ

あき
秋 아끼
가을

① 秋　② 　③ 　☐ ☐ ☐
あき

ふゆ
冬 후유
겨울

① 冬　② 　③ 　☐ ☐ ☐
ふゆ

はなみ
花見 하나미
꽃놀이, 벚꽃놀이

① 花見　② 　③ 　☐ ☐ ☐
はな み

とき
時 또끼
철, 시기, 때

① 時　② 　③ 　☐ ☐ ☐
とき

오사카의 봄　89

혼자서 스스로 문법 설명

01 おおさか き せつ
大阪の季節   오사카의 계절
오-사까노 끼세쯔

> 사계절(4계절)은 し き 四季 라고 해.

季節 계절은 きせつ 끼세쯔 라고 읽으며, 우리와 마찬가지로 4계절이 있다.

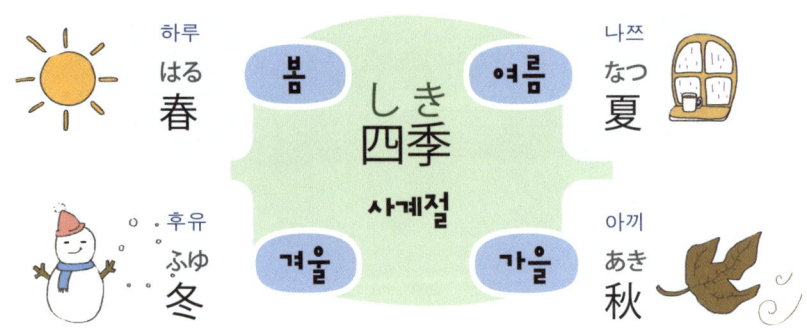

1 **〜の** ~의

〜の는 6과에서 한 번 학습했지만 여기에서처럼 앞의 명사가 뒤의 명사를 한정해줄 때는 ~의라는 뜻으로 해석하면 된다.

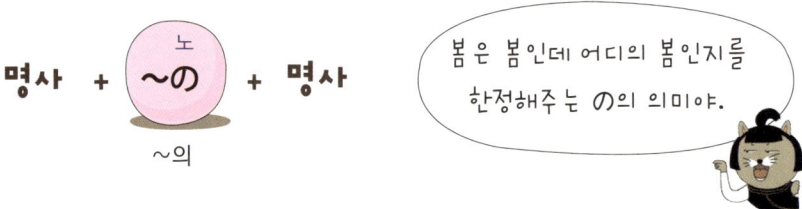

> 봄은 봄인데 어디의 봄인지를 한정해주는 の의 의미야.

오-사까노 하루
- おおさかの 春   오사카의 봄

02 ～が あります。　　～이 있습니다.
~가 아리마스

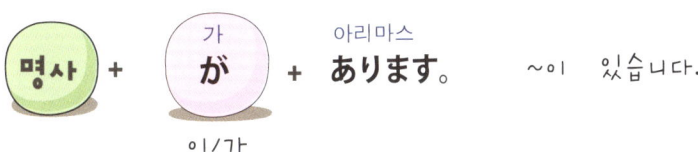

1 **～が** ~이/가　　～が는 우리말의 ~이/가에 해당하는 주격조사이다.

4과에서 또 다른 주격조사 ~は ~은/는에 대해 학습했는데, 비교해서 잘 알아두자.

2 **あります** 있습니다

あります는 ある 있다의 정중한 표현으로 **있습니다**의 뜻이다. 이것은 사물이나 식물 등 스스로 움직일 수 없는 것의 존재를 나타낸다. 반대말은 **ありません** 없습니다 이다.

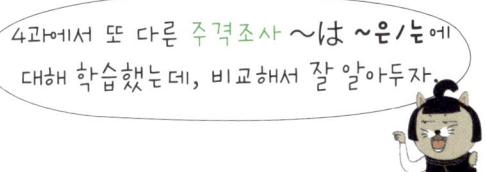

- ここに 本が あります。　　여기에 책이 있습니다.
  고꼬니 홍가 아리마스

- ここに 本は ありません。　　여기에 책은 없습니다.
  고꼬니 홍와 아리마셍

03 春も あたたかいですか。 봄도 따뜻합니까?
はる
하루모 아따따까이데스까

1 〜も ~도

〜も는 우리말의 **~도**에 해당하는 조사이다. 같은 종류의 것을 나타내거나 강조할 것 등을 표현한다.

- きむら君は 学生です。   키무라군은 학생입니다.
  끼무라꿍와 각세-데스

… わたしも 学生です。   나도 학생입니다.
  와싸시모 각세-데스

2 あたたかいですか 아따따까이데스까 따뜻합니까?

あたたかい는 우리말의 **따뜻하다, 따뜻한**이란 뜻의 형용사이다. 형용사는 사물의 성질이나 생김새, 상태 등을 설명해주거나 뒤에 오는 단어를 꾸며주는 말로 기본형의 끝이 い로 끝나서 い형용사라고 한다.

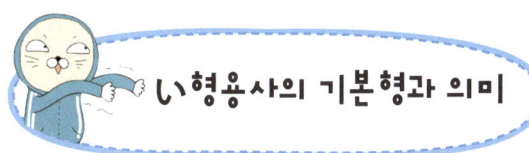

좀더 알아보는 문법

い형용사의 기본형과 의미

TRACK 07

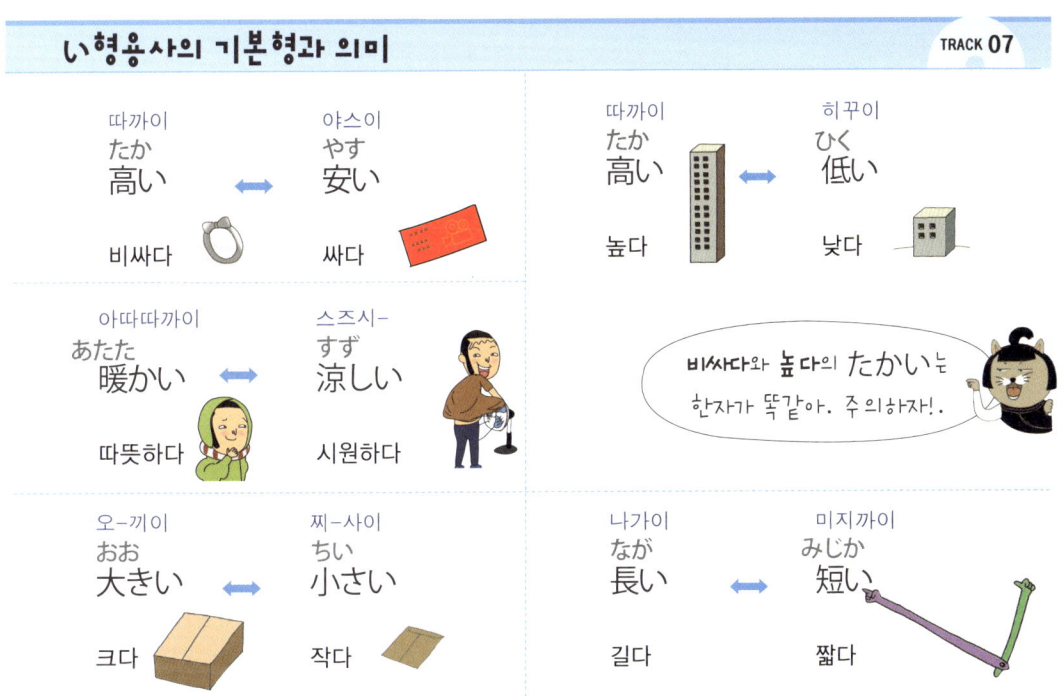

い형용사의 기본형에 -です를 붙이면 **정중한 표현**이 된다. 그리고 평서문이나 정중한 표현에 「~か」를 붙이면 의문문이 된다. 이때는 끝을 약간 올려 읽는다.

평서문
この 店の 寿司は 高い。
고노 미세노 스시와 따까이

이 가게의 스시(초밥)은 비싸다.

정중한 표현
この 店の 寿司は 高いです。
고노 미세노 스시와 따까이데스
이 가게의 스시(초밥)은 비쌉니다.

의문문
この 店の 寿司は 高いですか。
고노 미세노 스시와 따까이데스까
이 가게의 스시(초밥)은 비쌉니까?

오사카의 봄 93

혼자서 스스로 문법 설명

04 もうすぐ 花見時ですよ. 머지않아 꽃놀이철이랍니다.
모-스구 하나미도끼데스요

1 もうすぐ 모-스구 머지않아, 곧

회화에 자주 나오는 표현이다. 말 그대로 잘 알아두자. 이와 비슷한 의미로 사전에서는 같은 뜻으로 나오지만 상황에 따라 쓰이는 **まもなく 곧, 머지않아** 라는 표현도 있다.

- まもなく 電車が まいります. 곧 전철이 들어옵니다.(도착합니다)
  마모나꾸 덴샤가 마이리마스

2 花見時 하나미도끼 꽃놀이철

花見는 꽃놀이, 꽃구경 또는 벚꽃놀이를 말한다. 時는 때, 시기를 말하며, 여기처럼 다른 단어와 합쳐질 때는 **とき 또끼 ➡ どき 도끼**로 발음이 변한다.

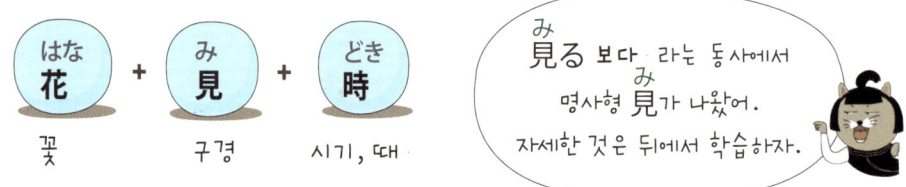

3 ～よ 요 ~지요, ~예요

～よ는 문장의 끝에 붙어서, 상대방에게 상대방이 모르는 것에 대한 정보를 가르쳐 주거나, 자신의 견해를 말할 경우에 쓰인다.

- これは 本物ですよ.   이것은(이 물건)은 진짜예요.
  고레와 홈모노데스요   ▶▶ ほんもの(本物) 홈모노 진짜, 진품

1. (　　)에 들어갈 적절한 말은?

① なん
② いつ
③ どう

2. 순서에 맞게 빈 칸에 들어갈 적절한 단어는?

① あたたかい, すずしい
② すずしい,　むしあつい
③ すずしい,　あたたかい

3. 보기의 밑줄 친 한자와 읽는 법이 같은 하나는?

　　보기　花見<u>時</u>　　① 何<u>時</u>　　② <u>時</u>々　　③ 時<u>々</u>

정답　1. ③　단어 あつい 덥다　2. ① 단어 すずしい 시원하다 / さむい 춥다
3. ③ 花見時 [はなみどき] 단어 何時 [なんじ], 時々 [ときどき]

오사카의 봄　95

08 가족

TRACK 08

우리나라와 지리적으로 가까운 일본은 여러 방면에서 닮은 곳이 많이 있는데, 고령화 사회와 저출산 문제도 그 중 하나이다.

고령화 사회가 초스피드로 진행되고 있는 우리나라보다도 먼저 **고령화** 高齢化(こうれいか)가 진행된 일본에서는 2020년에는 약 3명중 1명이 65세 이상이 될 것으로 예상하고 있기도 하다. 이에 따라 여러 가지 사회문제와 해결방법들이 나오고 있으며, 우리는 이를 토대로 초고령화사회에 대비해야 할 것이다.

1 さとり 世代 사또리 세대 와 ゆとり 世代 유또리 세대

사또리 세대는 직장을 꼭 가질 생각도 없고, 친구를 사귈 생각도 없이 혼자서 생활하는 젊은 세대를 일컫는다.

사또리세대 さとり 世代 가 먼줄 알아?

1990년대에 태어난 세대로 일본의 잃어버린 10년이라고 하는 장기불황시대에 태어났어. 꿈도 없고, 돈도 없고, 여행도 하지 않고, 결혼이나 연애를 할 의욕도 없는 세대를 말해. 딱 네 나이지?

유토리 세대의 **유토리** ゆとり는 **여유** 라는 말로 여유로운 교육을 받은 세대를 말하는데 1987년~1999년 에 태어난 세대를 말한다.
앉아서 하는 딱딱한 교육이 아닌 체험학습 등과 같은 교육을 통해 여유롭게 교육을 하자는 취지였으나, 학력저하와 같은 또 다른 사회문제가 생겨났다.

2 少子化 저출산화

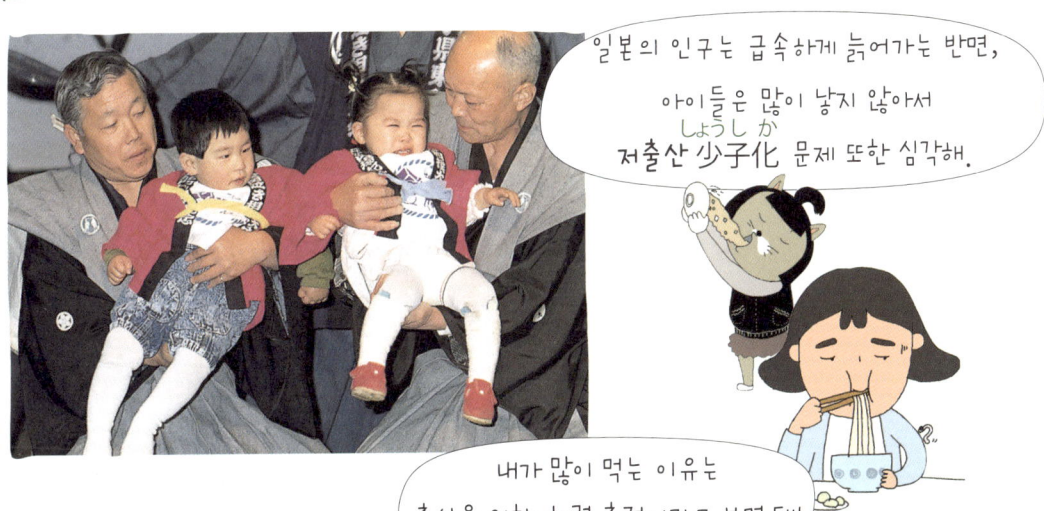

일본의 인구는 급속하게 늙어가는 반면, 아이들은 많이 낳지 않아서 저출산 少子化 문제 또한 심각해.

내가 많이 먹는 이유는 출산을 위한 체력 충전이라고 보면 돼!

가족 97

08 | 가족은 몇 명인가요?

> 일단 듣기 ✔ ● ● ● 　체크업!! ● ● ● 　말하기 ● ● ●

야마다산노 고까조꾸와 난닌데스까
山田さんの ご家族は 何人ですか。
야마다씨의 가족은 몇 명인가요?

보꾸와 요닝 까조꾸데스
ぼくは 4人 家族です。
저는 4명 가족입니다.(가족이 4명입니다.)

고료심모 이마스까
ご両親も いますか。
부모님도 계시나요?

이-에, 까나이또 후따고가 이마스
いいえ、家内と 双子が います。
아니요. 아내와 쌍둥이가 있습니다.

우라야마시-데스네. 와따시와 히또리구라시데스
うらやましいですね。わたしは 1人暮しです。
부럽네요. 저는 혼자 삽니다.

✓ 대화 내용의 구문 및 문법 핵심을 알아두자!

山田さんの ご家族は 何人ですか。

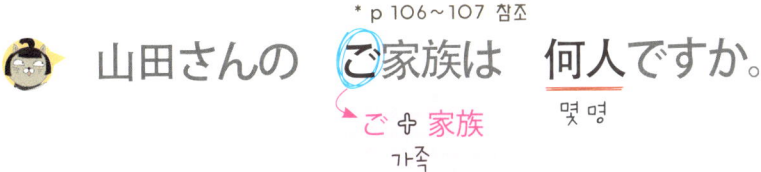

ぼくは 4人 家族です。

ご両親も いますか。

いいえ、家内と 双子が います。

うらやましいですね。 わたしは 1人暮しです。

쓰기 연습

TRACK 08

글자 쓰기

| や ya 야 |
| く ku 꾸 |
| ぼ bo 보 |
| ね ne 네 |
| ひ hi 히 |
| り ri 리 |

단어 쓰기

남자가 자신을 일컫는 말

보꾸
ぼく 나, 저

이마스
います 있습니다

우라야마시-
うらやましい 부럽다

히또리
ひとり 한 명, 혼자

일본식 한자 연습

TRACK 08

 한자를 쓰는 것 보다 어떻게 읽는지 주의 깊게 살펴보자.

かぞく
家族 까조꾸
가족

なんにん
何人 난닝
몇 명

りょうしん
両親 료-싱
부모님

かない
家内 까나이
아내

ふたご
双子 후따고
쌍둥이

くら
暮し 꾸라시
생활, 삶

가족 101

혼자서 스스로 문법 설명

01 よにん かぞく
4人 家族   4명 가족
요닝 까조꾸

1 가족은 ~명 입니다라는 일본식 표현은 우리와 어순이 다르므로 잘 알아두도록 하자.

가족 수   가족입니다.(=가족은 ~명입니다.)

2 **사람세기** 사람을 셀 때는 숫자 뒤에 人을 붙이는데, 1·2명의 경우만 예외로 ひとり·ふたり라고 부른다. *6과 주문 비교참조

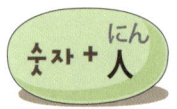

1명	2명	3명	4명	5명
히또리	후따리	산닝	요닝	고닝
ひとり	ふたり	さんにん	よにん	ごにん
1人	2人	3人	4人	5人

사람을 세는 단위 말고 여러 가지 단위를 숫자 뒤에 붙여 읽으면 다양한 뜻이 된다.

숫자 세는 법을 알아보자.
숫자 4·7·9는 세는 법이 2가지가 있으므로 잘 알아두도록 하자.

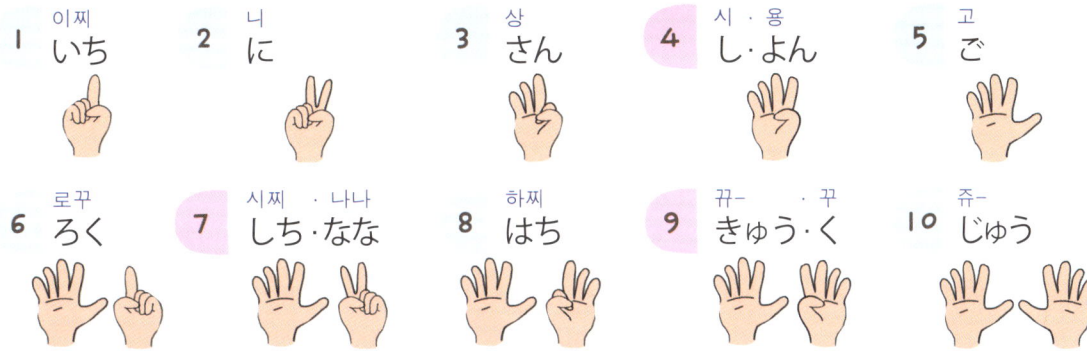

11부터는 10+1, 10+2처럼 10에다가 일의 자리 숫자를 붙여 읽으면 된다.

11 쥬-이찌 じゅういち

12 쥬-니 じゅうに

13 쥬-상 じゅうさん

14 쥬-시 じゅうし
쥬-용 じゅうよん

15 쥬-고 じゅうご

16 쥬-로꾸 じゅうろく

17 쥬-시찌 じゅうしち
쥬-나나 じゅうなな

18 쥬-하찌 じゅうはち

19 쥬-뀨- じゅうきゅう
쥬-꾸 じゅうく

20 니쥬- にじゅう

30 산쥬- さんじゅう

40 시쥬- しじゅう
욘쥬- よんじゅう

50 고쥬- ごじゅう

마찬가지로 3, 4, 5…뒤에 10을 붙여 읽으면 돼.
100은 ひゃく(百), 1,000은 せん(千),
10,000은 まん(万)이야.

60 로꾸쥬- ろくじゅう

70 시찌쥬- しちじゅう
나나쥬- ななじゅう

80 하찌쥬- はちじゅう

90 뀨-쥬- きゅうじゅう
くじゅう

100 하꾸- ひゃく

가족 103

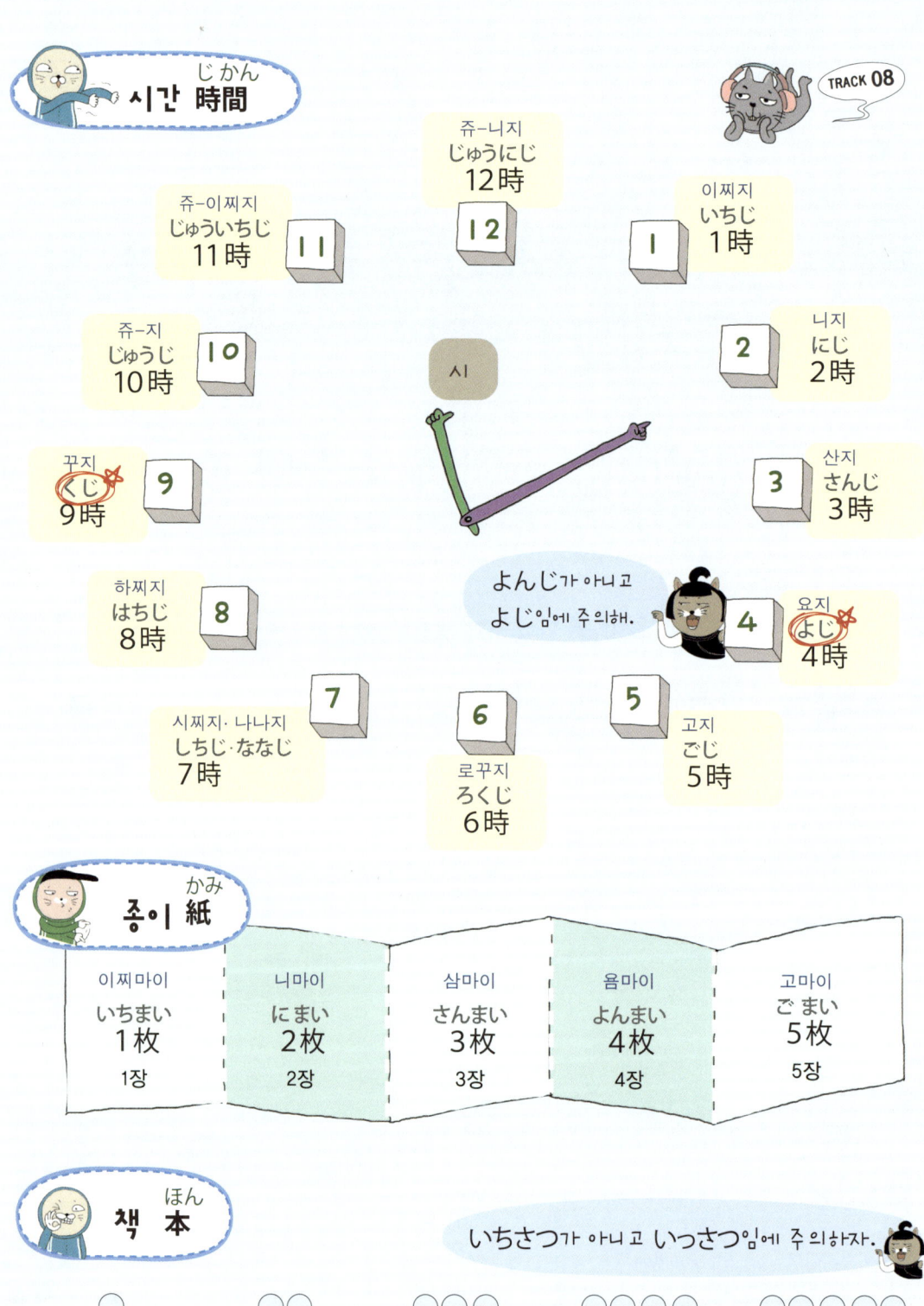

02 ご両親も いますか。 부모님도 계십니까?

りょうしん

1 ご両親 고료-싱 (상대방의) 부모님

상대방의 가족을 부를 때는 お·ご 를 붙여 정중한 뜻을 나타내지만, 자신의 가족을 남에게 말할 때는 お·ご 를 붙이지 않는다.

자세한 가족 호칭은 뒷페이지를 참조하자.

고료-싱와 오겡끼데스까
- ご両親は おげんきですか   부모님은 건강하시지요?

오까게사마데, 후따리또모 겡끼데스
… おかげさまで、ふたりとも げんきです。

덕분에, 두 분 모두 건강하십니다.

다나까상와 오네-상가 이마스까
田中さんは お姉さんが いますか。
다나까씨는 언니가 있습니까?

하이, 아네가 후따리 이마스
はい、姉が 二人 います。
네, 언니가 2명 있습니다.

상대방의 언니·누나는 お姉さん, 자신의 언니·누나는 姉라고 부른다.

가족 105

가족을 부르는 호칭

상대방의 가족

고료-싱 ご両親	부모
오지-상 おじいさん	할아버지
오바-상 おばあさん	할머니
오또-상 とう お父さん	아버지
오까-상 かあ お母さん	어머니
고슈징 しゅじん ご主人	남편
옥상 おく 奥さん	아내
오니-상 にい お兄さん	형, 오빠
오네-상 ねえ お姉さん	누나, 언니
오또-또상 おとうと 弟さん	남동생
이모-또상 いもうと 妹さん	여동생
오꼬상 こ お子さん	아이, 자제
무스꼬상 むすこ 息子さん	아들
무스메상 むすめ 娘さん	딸

가족을 부르는 호칭은 상대방의 가족과 우리 가족을 부를 때 차이가 있다. 주의해서 잘 사용하도록 하자.

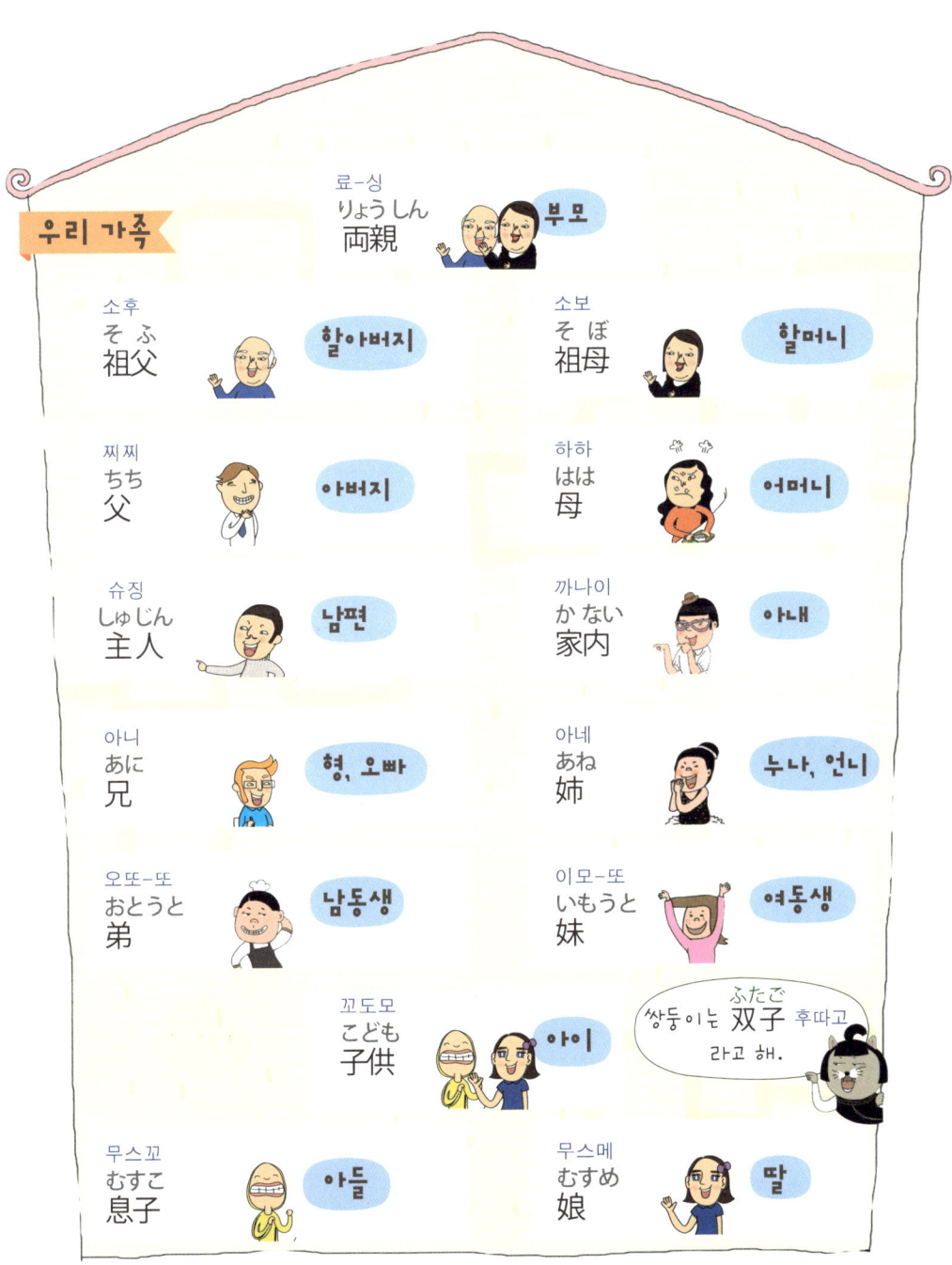

혼자서 스스로 문법 설명

2 **いますか** 이마스까 있습니까?

いますか는 **いる** 있다의 정중한 의문표현으로 **있습니까?**의 뜻이다. いる는 사람이나 동물 등 스스로 움직일 수 있는 것의 존재를 나타낸다.
います 있습니다의 반대말은 **いません** 없습니다이다. 의문을 나타낼 때는 의문조사 か를 붙여 표현한다.

고꼬니 네꼬가 이마스
- ここに 猫が います。   여기(에) 고양이가 있습니다.

고꼬니 이누와 이마셍
- ここに 犬は いません。   여기(에) 개는 없습니다.

03 うらやましいですね 부럽군요

1 ~ね ~이요?, ~군요, ~로군

~ね는 ~(지)요?, ~군요, ~로군 등의 뜻으로 문장의 끝에 붙는 조사이다. 가벼운 감동이나 다짐, 상대방의 말에 동의하거나 동의를 구하는 경우 등에 쓰인다.

감동, 다짐, 동의

이-뎅끼데스네
- いい 天気ですね。( )　 날씨가 좋군요.

이-데스네
- いいですね。( )　　 좋지요? 괜찮지요?

▶▶ いい 이-　　좋다, 좋은
▶▶ てんき (天気) 뗑끼　날씨

04 1人暮し (ひとり ぐら) 혼자 생활하는 것

대학에 입학하거나 취직 등을 하면 일본의 젊은이들은 집에서 독립해 혼자서 생활하는 사람들이 많다. 이렇게 혼자 생활하는 것을 1人暮し(ひとり ぐら)라고 한다.

가족　109

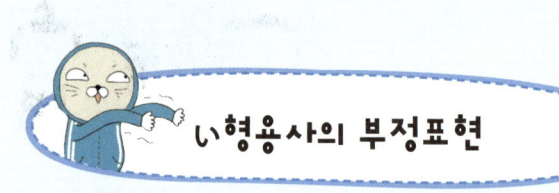

い형용사의 부정표현

TRACK 08

うらやましい는 앞과에서도 학습했듯이 **부럽다, 부러운**이라는 뜻의 **い형용사**이다. 형용사의 기본형에 ~です가 붙어서 정중한 뜻을 나타 낸다. い형용사의 기본형에 『-く ない』를 붙이면 부정의 표현이 된다.

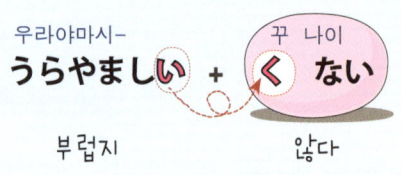

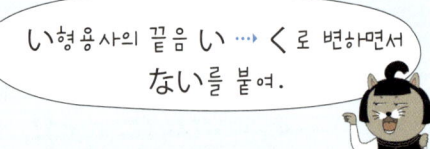

평서문
ぼくは 彼(かれ)が うらやましい。
보꾸와 까레가 우라야마시-

나는 그 남자가 부럽다.

부정문
ぼくは 彼(かれ)が うらやましく ない。
보꾸와 까레가 우라야마시꾸 나이

나는 그 남자가 부럽지 않다.

정중한 부정 표현
ぼくは 彼(かれ)が うらやましく ないです。
보꾸와 까레가 우라야마시꾸 나이데스

나는 그 남자가 부럽지 않습니다.

1. (   )에 순서대로 들어갈 말은?

   ひとり - (ㄱ) - さんにん - (ㄴ) - ごにん

   ① ふたり　よんにん　　② ふたり　よにん
   ③ ふたり　ろくにん

2. 상대방에게 우리 가족을 소개할 때 적절하지 않은 것은?

   ① おじいさん
   ② 父(ちち)
   ③ 家内(かない)
   ④ 息子(むすこ)

3. 다음 문장들의 부정표현을 만들어 써 보자.

   ① これは　たかい。　　이것은 비싸다.

   ➡ _____

   ② この　バナナは　おいしいです。　　이 바나나는 맛있습니다.

   ➡ _____

정답 1. ② 숫자 4에 조수사가 붙을 때 읽는 법에 주의하자. 2. ① 설명 나의 할아버지는 祖父[そふ]
3. ① これは　たかく　ない。　② この　バナナは　おいしく　ないです。 설명 おいしく ありません。이라고 해도 된다.

가족 111

09 골든위크 - 온천여행

TRACK 09

일본의 주요 연중행사를 살펴보면 우리나라와 비슷한 날이 많다. 우선 1월 1일부터 시작되는 **설날** 휴일인 **お正月** 오쇼-가쯔에는 신과 조상들에게 감사를 표하고 풍성한 추수를 기원하며, 친척이나 친구, 지인들에게 **年賀状** 연하장을 보낸다. 2014년에는 약 18억 2,900만통이 배달되었다. 연하장에는 **あけまして おめでとう。** 아께마시떼 오메데또- **새해 복 많이 받으세요.**라는 문구를 함께 적는다.

아께마시떼 오메데또-
あけまして　おめでとう。
도대체 연하장을 몇장이나 더써야 하는거야? 오늘 밤새 써야겠는 걸?

그르게.. 너 이제 한 살 더 먹는다!

한 살 더 먹었으니.. 더욱 고상하고 성숙하게~ 하하핫!

뭐 그래 봐야.. 일년 행사는 모두 같잖아~

여름을 시작하는 행사는 **七夕** 따나바따로 시작한다. 이 날은 우리나라를 거쳐 일본으로 전해졌으며, 견우와 직녀가 만난다는 날로 이날 소원을 빌면 이루어진다고 하는 전설이 있다.

〈타나바타 축제〉 〈불꽃놀이〉

여름밤에는 일본 전역에서 **花火大会** 하나비다이까이를 개최하는데, 화려한 **불꽃놀이**는 세계 제일이라고 할 수 있다.

골든위크 113

ゴールデンウィーク golden week 고-르뎅위-쿠 **골든위크**는 4월 말부터 5월 5일까지 이어지는 황금연휴기간으로 짧게는 일주일, 길게는 10일 동안 이어진다. 이 시기에는 일본인들이 국내외로 여행을 떠나는데, 우리나라에도 많은 일본인이 찾아오며 교통이나 숙박시설 등이 매우 붐비는 편이다.

〈 旅館 りょかん 온천 여행 〉

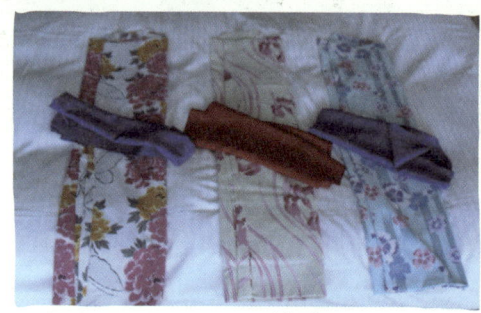

〈 浴衣 ゆかた 유카타 〉 　〈 懐石料理 かいせきりょうり 가이세키요리〉

お盆 ぼん 오봉은 우리나라의 추석과 비슷하며, 8월 13일~15일 사이에 많은 회사와 상점들이 휴가를 위해 문을 닫고 고향이나 가족, 친지 등을 찾는다.

〈오봉 오도리(춤)〉

한해를 마무리하는 12월 연말에는 忘年会 ぼうねんかい 송년회가 식당이나 술집 등지에서 열린다. 학생, 회사원, 주부들까지 다양한 모임에 참여해 즐거운 시간을 보내며 한해를 마무리 짓는다.

골든위크

09 온천여행

일단 듣기 　 체크업!! 　 말하기

고-르뎅위-쿠니 나니오 스루 쯔모리데스까
ゴールデンウィークに 何を する つもりですか。
황금연휴(골든위크)에 무엇을 할 예정입니까?

또모다찌또 온센니 이끼마스
友達と 温泉に 行きます。
친구와 온천에 갑니다.

벱뿌니 아루 유-메-나 온센데스요
別府に ある 有名な 温泉ですよ。
벳푸에 있는 유명한 온천입니다.

와따시모 온셍가 다이스끼데스
私も 温泉が 大好きです。
저도 온천을 엄청(매우) 좋아합니다.

데와, 잇쇼니 이끼마쇼-
では、一緒に 行きましょう。
그럼, 함께 갑시다.

✓ 대화 내용의 구문 및 문법 핵심을 알아두자!

ゴールデンウィークに 何を する つもりですか。
golden week = 황금연휴 　　　　　　하다　예정·작정
동사가 명사를 꾸며 줌

어간 + ます
友達と 温泉に 行きます。 * p 121 참조
→ 동사 行く의 정중한 표현

* p 123 참조
別府に ある 有名な 温泉ですよ。
　　　　　　유명하다　온천
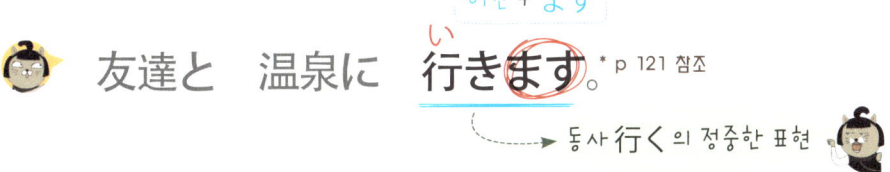
だ 형용사가 명사를 꾸며줌

私も 温泉が 大好きです。
~도　　　　~을 좋아하다　だいすきだ 매우 좋아하다

어간 + ましょう
では、一緒に 行きましょう。
　　　함께　　　→ 동사 行く의 권유형

골든위크 117

일본식 한자 연습

TRACK 09

 한자를 쓰는 것 보다 어떻게 읽는지 주의 깊게 살펴보자.

とも だち
友達
또모다찌
친구

友達 ① ② ③ ☑ ☐ ☐
とも だち

おん せん
温泉
온셍
온천

温泉 ① ② ③ ☐ ☐ ☐
おん せん

ゆう めい
有名だ
유-메- 다
유명하다

有名だ ① ② ③ ☐ ☐ ☐
ゆう めい

だい す
大好きだ
다이스끼다
아주 좋아하다

大好きだ ① ② ☐ ☐ ☐
だい す

いっしょ
一緒に
잇쇼니
함께

一緒に ① ② ③ ☐ ☐ ☐
いっしょ

골든위크 119

혼자서 스스로 문법 설명

01
何を する つもりですか。 무엇을 할 예정입니까?
나니오 스루 쯔모리데스까

する 하다라는 동사가 **つもり 예정, 계획**이라는 명사를 꾸며줘서 **〜할**이라는 뜻이 된다. 명사를 꾸며줄 때는 우리말처럼 변하는 것이 아니라 동사의 기본형을 그대로 사용한다.

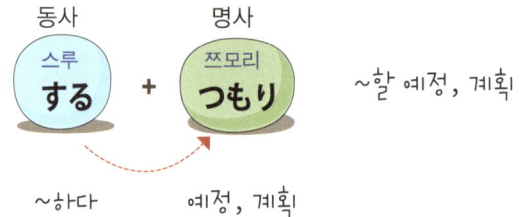

02
友達と 温泉に 行きます。 친구와 온천에 갑니다.
또모다찌또 온센니 이끼마스

1 〜と ~와/과

と는 명사와 함께 쓰여, 우리말의 **와/과**라는 뜻이다. 명사와 명사를 연결할 때도 사용한다. 동사나 형용사와 함께 쓰이면 **〜하면, 〜하자**의 가정의 뜻을 나타낸다.

명사 + **と**(또) + 명사
〜와/과

와따시따찌또 잇쇼니 이끼마쇼-

- 私達と いっしょに 行きましょう。   우리와 함께 갑시다.

  ▶▶ わたしたち(私達) 와따시따찌 우리(들)

하루니 나루또 아따따까꾸 나루

- 春に なると あたたかく なる。   봄이 되면 따뜻해진다.

  ▶▶ あたたかい 아따따까이 따뜻한, 따뜻하다
     あたたかく 아따따까꾸 따뜻하게

2 ~に 行きます ~에 갑니다

に는 ~에라는 위치나 장소, 방향 등을 나타내는 조사이다.

行きます 이끼마스 갑니다는 동사 行く 이꾸 가다의 정중한 표현이다. 이렇듯 동사는 변화하는데 자세한 것은 뒤에 학습하고 이번 과에서는 의미를 잘 알아두도록 하자.

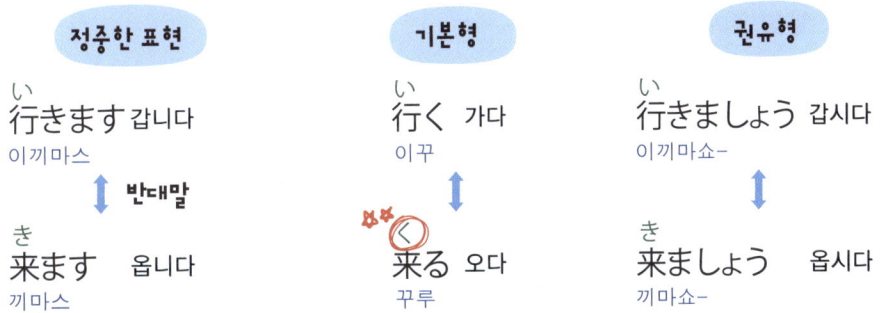

골든위크 121

혼자서 스스로 문법 설명

03 別府に ある 有名な 温泉ですよ
벱뿌니 아루 유-메-나 온센데스요
벳푸에 있는 유명한 온천입니다.

1 別府に ある

別府に ある 벳푸에 있다는 문장이 뒤에 温泉을 꾸며주어서 동사 ある의 원형을 그대로 사용한다.

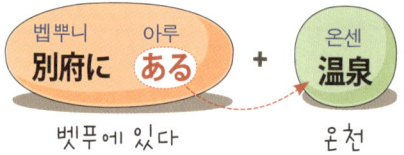

別府に ある

別府 벳푸는 九州 규슈 지역에 있는 유명한 온천지역으로 일본인뿐만 아니라 세계 각지의 사람들이 온천을 즐기러 들리는 곳이다. 우리나라 사람들도 많이 여행하는 곳으로 비행기나 배를 타고 갈 수 있다.

〈海地獄 우미지옥〉

〈血の池地獄 찌노이께지옥〉

〈지옥 온천 찜요리〉

〈벳푸 시내 전경〉

좀더 알아보는 문법

な형용사의 기본형과 의미

TRACK 09

有名だ는 우리말의 **유명하다, 유명한**이란 뜻의 **な형용사**이다. 앞의 い형용사와 마찬가지로 사물의 성질이나 생김새, 상태 등을 설명해주거나 뒤에 오는 단어를 꾸며 주는데, 기본형의 끝이 だ로 끝나서 **だ형용동사**라고도 한다.

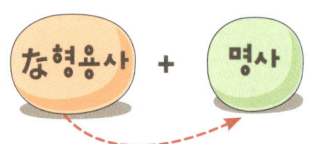

뒤에 명사를 꾸며줄 때는 だ → な로 변하는 것에 주의하자.

な형용사의 기본형과 의미

유-메-다 ゆうめい **有名だ** 유명하다	스떼끼다 **すてきだ** 멋지다	끼레-다 **きれいだ** 아름답다, 깨끗하다
스끼다 **好きだ** 좋아하다	끼라이다 きら **嫌いだ** 싫어하다	きれいだ는 아름답다와 깨끗하다의 2가지 뜻이 있어.

な형용사의 기본형에 -です를 붙이면 **정중한 표현**이 된다. 그리고 평서문이나 정중한 표현에 『~か』를 붙이면 의문문이 된다. 이때는 끝을 약간 올려 읽는다.

かのじょ
彼女は きれいだ。　　　　　그녀는 아름답다.
가노죠와 끼레이다

かのじょ
彼女は きれいです。　　　　그녀는 아름답**습니다**.
가노죠와 끼레-데스

かのじょ
彼女は きれいですか。　　　그녀는 아름답**습니까**?
가노죠와 끼레-데스까

골든위크 123

04 温泉が 大好きです。 온천을 매우 좋아합니다.
온셍가 다이스끼데스

위에서 **好きだ** 좋아하다라는 **な형용사**의 의미에 대해 알아보았는데, 이 형용사에 **大**가 붙어서 **大好きだ**는 **엄청, 매우 좋아하다**는 의미가 된다.

 + **好きだ**   매우 좋아하다
매우, 엄청   좋아하다

- 私は 彼の ことが 大好き。 나는 그 남자가 너무 좋아.
  와따시와 까레노 고또가 다이스끼

▶▶ かれ(彼) 까레 그 남자

~을 좋아하다(싫어하다)에서 ~을에 해당하는 조사는 を가 아니라 が를 쓰는 것에 주의하자.

05 一緒に 함께
잇쇼니

一緒に는 함께라는 뜻으로 자주 쓰이는 표현이므로 잘 알아두자. 반대의 의미로 혼자서는 **ひとりで**이다.

연습문제

1. ( )에 들어갈 가장 알맞은 말은?

① つもり

② いっしょに

③ 大好き

2. ( )에 들어갈 적절한 말이 아닌 것은?

> 보기
>
> ここは ( ) 温泉です。

① 有名な   ② きれいな   ③ すきな   ④ じょうずな

3. 다음 문장들의 정중한 표현을 만들어 써 보자.

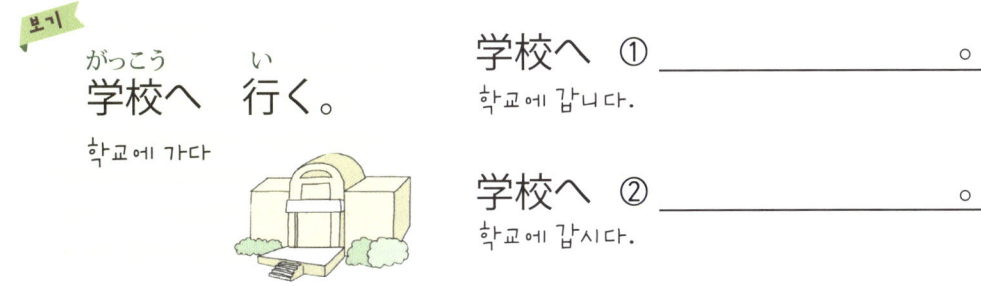

정답 1. ① つもり 예정, 계획 단어 明日[あした] 내일 2. ④ 단어 じょうずだ[上手だ] 잘하다
3. ① 行きます   ② 行きましょう

골든위크 125

10 JR야마노테선

일본의 교통은 철도, 항공, 해상, 버스, 택시 등 편리하게 발달되어 있으며, 세계 최고를 자랑한다.

철도는 시간이 정확한 것과 안전성이 높은 것으로도 유명하다. 최대 규모의 **JR일본철도**그룹은 국내 전역에 그물망 같은 노선망을 갖추고 있으며, 빠르고 쾌적한 초특급열차인 **신칸센 新幹線**은 우리나라의 KTX 고속열차와 비슷하다. 최고속도 시속 300km이상으로 달리며 도쿄-오사카 간 약 550km로 달리는 도카이도 신칸센 **노조미** (のぞみ) 도 있다. 특급, 급행 등에 따라 멈추는 곳이 다르며, **グリーン車** 그린샤 **1등석, 지정좌석, 침대석** 등 좌석의 종류도 다양하다.

표는 자동판매기에서 살 수도 있지만 대부분은 역내의 **미도리노 마도구치 みどりの窓口 녹색창구**에서 구입한다.

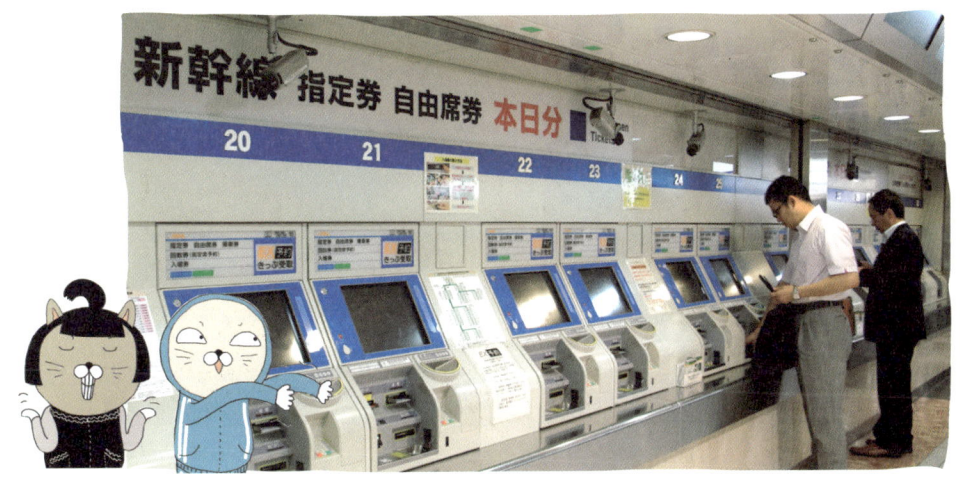

도쿄와 오사카 등의 대도시는 국철인 **JR야마노테센 山の手線**과 여러회사에서 운영하는 지하철, 전철이 운영되고 있다.

출퇴근시에는 많은 사람들이 이용하며 도시 곳곳을 거미줄처럼 연결하고 있어 이용하는데 편리하다. 지하철은 노선마다 운영하는 회사가 다른 경우가 있어 갈아탈 때 요금을 따로 정산해야하는 경우도 있다. 주요노선은 **JR야마노테센**(山の手線 **녹색**)과 **마루노우치센**(丸の内線 **빨강색**), **긴자센**(銀座線 **노랑색**) 등이다.

〈표 파는 곳〉

〈플랫폼〉

〈JR 신주쿠역〉

〈역내〉

10 | 표는 어디에서 삽니까?

TRACK 10

> 일단 듣기 ✓ ● ● > 체크업!! ● ● ● > 말하기 ● ● ●

아노-, 낍뿌와 도꼬데 까이마스까
あのう、切符は どこで 買いますか。
저, 표는 어디에서 삽니까?

지도-함바이끼데 까이마스
自動販売機で 買います。
자동판매기에서 삽니다.

쮀-아-루신쥬꾸에끼마데 이꾸라데스까
ジェーアール新宿駅まで いくらですか。
JR신주쿠역까지 얼마입니까?

햐꾸로꾸쥬-엔데스
160円です。
160엔입니다.

데와, 도꼬데 노리마스까
では、どこで 乗りますか。
그럼, 어디에서 탑니까?

삼반노 호-무데 노리마스
3番の ホームで 乗ります。
3번 홈에서 탑니다.

TRACK 10

✓ 대화 내용의 구문 및 문법 핵심을 알아두자!

👤 あのう、切符は どこで 買いますか。
　　　　きっぷ 표
　　　　　　　　　　　　　　　　의문조사 * p135 참조
　　　　　　　　　　　　　→ 동사 買う의 정중한 의문표현
　　　　　　　　　　　　　　까우

👤 自動販売機で 買います。
　　　　　　　～에서

👤 ジェーアール新宿駅まで いくらですか。
　　　JR의 카타카나식 표현　　　얼마 * p137 참조

👤 160円です。
　　　　えん 일본의 화폐 단위

👤 では、どこで 乗りますか。
　　　　　　　　　→ 동사 乗る의 정중한 의문표현
　　　　　　　　　　노루

👤 3番の ホームで 乗ります。
　　　3번　　플랫폼

JR야마노테선

쓰기 연습

TRACK 10

글자 쓰기

단어 쓰기

일본식 한자 연습

  한자를 쓰는 것 보다 어떻게 읽는지 주의 깊게 살펴보자.

TRACK 10

きっぷ
切符
낍뿌
표

① 切符 ② ③
きっぷ
☑ ☐ ☐

じどうはんばいき
自動販売機
지도-함바이끼
자동판매기

① 自動販売機 ②
じどうはんばいき
☐ ☐

か
買う
까우
사다

① 買う ② ③
かう
☐ ☐

えん
円
엥
엔(일본의 화폐단위)

① 円 ② ③
えん
☐ ☐

の
乗る
노루
타다

① 乗る ② ③
のる
☐ ☐

JR야마노테선

혼자서 스스로 문법 설명

01 どこで 買いますか。   어디에서 삽니까?
도꼬데 까이마스까

1 どこ 어디와 ~で ~에서가 합쳐져서 **어디에서**라는 뜻이 된다. で는 장소를 나타내는 조사이다.

2 買いますか 삽니까?는 동사 買う 까우 사다의 **정중한 의문표현**으로 이번 과에서는 동사의 정중한 표현에 대해 알아보도록 하자.

買う → 買い + ます + か。
사다   삽니다   (까?)

위와 같이 동사 끝의 う가 い로 바뀌고 뒤에 ます가 붙어서 **정중한 뜻**이 된다. 여기에 의문조사 か가 붙으면 정중한 의문 표현이 되는 것이다.

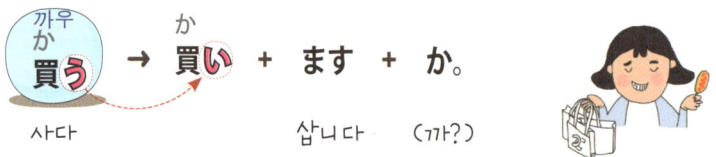

買う kau 사다 처럼 동사의 기본형의 끝이 う u음으로 끝나는 동사들을 1그룹동사라고 불러.

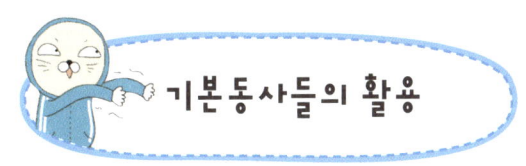

기본동사들의 활용

좀 더 알아보는 문법

명사나 형용사의 정중한 표현은 뒤에 『-です』를 붙여서 표현한다. 그럼 동사의 정중한 표현인 ~합니다, ~니다는 어떻게 표현할까?

동사는 규칙적으로 기본형의 끝이 변하는데, 활용형에 따라서 3그룹으로 나뉜다. 규칙적으로 변화하므로 기본동사들의 활용을 잘 알아두도록 하자.

TRACK 10

동사의 기본형의 끝이 -u우 로만 끝나.

1그룹	2그룹	3그룹
kau か 買う 사다	taberu た 食べる 먹다	kuru く 来る 오다
noru の 乗る 타다	miru み 見る 보다	suru する 하다
iku い 行く 가다	oboeru おぼ 覚える 기억하다	
kaku か 書く 쓰다	okiru お 起きる 일어나다	
nomu の 飲む 마시다		

예외로 2개뿐이 없어.

동사의 기본형의 끝이 -eru에루, -iru이루로만 끝나.

학자들에 따라 1그룹·2그룹·3그룹을 1단동사·2단동사·불규칙동사 혹은 1류동사·2류동사·3류동사라고도 한다.

그럼, 이러한 동사들은 어떻게 활용 할까?
정중한 표현을 나타낼 때에는 그룹에 따라 다르게 활용한다.

발음변화에 주의

1그룹 ます형	2그룹 ます형	3그룹 ます형
か 買う → 買います 삽니다	た 食べる → 食べます 먹습니다	く 来る → 来ます 옵니다
の 乗る → 乗ります 탑니다	み 見る → 見ます 봅니다	する → します 합니다
い 行く → 行きます 갑니다	おぼ 覚える → 覚えます 기억합니다	
か 書く → 書きます 씁니다	お 起きる → 起きます 일어납니다	
の 飲む → 飲みます 마십니다		

기본형의 끝 -u우 → -i 이음으로 바꾸고 -ます를 붙여.

예외로 2개뿐이 없어.

기본형의 끝 -ru루를 떼고 ます를 붙여.

- がっこう　い
  学校へ　行く。　→　学校へ　行きます。
  학교에 간다.　　　　학교에 갑니다.

- た　　　　　　　　　　　　　た
  ラーメンを　食べる。　→　ラーメンを　食べます。
  라면을 먹는다.　　　　라면을 먹습니다.

- がっこう　く　　　　　　　　　がっこう　き
  学校へ　来る。　→　学校へ　来ます。
  학교에 온다.　　　　학교에 옵니다.

02 いくらですか。   얼마입니까?
이꾸라데스까

いくら는 얼마라는 뜻으로 -ですか가 붙어 **얼마입니까?**라는 가격을 묻는 표현이다.
더욱 공손한 표현으로 앞에 お를 붙여 **おいくらですか**라고 해도 된다.
일본의 화폐단위는 円(¥)^{えん}엔이다.

いくら 이꾸라   얼마

꼬레와 이꾸라데스까
- これは いくらですか。   이것은 얼마입니까?

햐꾸엔데스
→ 百円です。   백엔입니다.

셍엔데스
→ 千円です。   천엔입니다.

이찌망엔데스
→ 一万円です。   만엔입니다.

JR야마노테선

혼자서 스스로 문법 설명

03 どこで 乗りますか。
도꼬데 노리마스까

어디에서 탑니까?

乗りますか 탑니까?는 乗る 타다의 정중한 표현으로 1그룹동사에 속한다. ます형은 る ➡ り로 바꾸고 ます를 붙이면 된다.

~을 타다는 ~に 乗る로 조사 を를 쓰지 않고 に를 쓰는 것에 주의하자.

 ⇔

~을 타다 ~에서 내리다

- どこで 電車に 乗りますか。

   어디에서 전철을 탑니까?

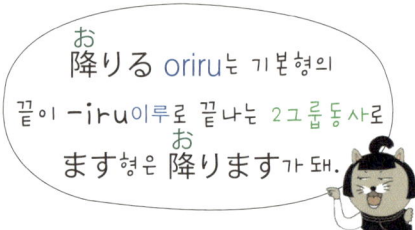

降りる oriru는 기본형의 끝이 -iru이루로 끝나는 2그룹동사로 ます형은 降ります가 돼.

교통수단   TRACK 10

ひこうき 飛行機 비행기	ふね 船 배	きしゃ 汽車 기차
しんかんせん 新幹線 신칸센	bus バス 버스	taxi タクシー 택시
ちかてつ 地下鉄 지하철	でんしゃ 電車 전철, 전차	ある 歩いて 걸어서

04 さんばん
3番の ホーム   3번 플랫폼
삼반노 호-무

1 3番

3番은 **3번**이란 뜻으로, 번호를 의미한다. 숫자에 번호를 나타내는 **番**을 붙이면 되는데, 一番은 ❶ 1번이란 뜻 외에 ❷ **가장, 제일**이라는 의미도 가지고 있다.

❶ 1번 ❷ 가장, 제일	2번	3번	4번	5번
いちばん	にばん	さんばん	よんばん	ごばん
一番	二番	三番	四番	五番

2 ホーム 플랫폼

プラットホーム platform의 약자로 **승강장**을 의미한다. 전철이나 기차 등을 탈 수 있는 승강장, 플랫폼을 말하며 큰 역의 경우 승강장이 10군데도 넘는 곳이 있으므로 주의해서 타야만 한다.

 **경축일**

국경일이 일요일과 겹칠 때는 다음 월요일도 공휴일이 된다. 평일이 공휴일 사이에 올 때는 공휴일이 되며, 5월 2일이 이에 적용된다.
12월 25일(크리스마스)은 경축일이 아니다. 12월 29일~1월 3일 사이는 관공청·기업은 업무를 하지 않는다.

1월 1일	정월 초하루
1월의 제 2월요일	성인의 날
2월 11일	건국기념일
2월 23일	나루히토 천황 탄생일
3월 20일 (혹은 21일)	춘분
4월 29일	쇼와의 날(쇼와 시대를 기념)
5월 3일	헌법기념일
5월 4일	녹색의 날(미도리노히)
5월 5일	어린이 날
7월 세째주 월요일	바다의 날
8월 11일	산의 날
9월 세째주 월요일	경로의 날
9월 23일 (혹은 24일)	추분
10월의 제 2월요일	체육의 날
11월 3일	문화의 날
11월 23일	근로감사의 날

4월

日	月	火	水	木	金	土
					1	2
3	4	5	6	7	8	9
10	11	12	13	14	15	16
17	18	19	20	21	22	23
24	25	26	27	28	29	30

5월

日	月	火	水	木	金	土
1	2	3	4	5	6	7
8	9	10	11	12	13	14
15	16	17	18	19	20	21
22	23	24	25	26	27	28
29	30					

국경일이 일요일과 겹칠 때는 다음 월요일도 공휴일이 돼. 평일이 공휴일 사이에 올 때는 공휴일이 되며, 위 경우 5월 2일에 쉬어.

헐! 대박 완전 좋네.. 우리나라도 이랬으면 좋겠다.

1. 밑줄 친 곳에 알맞은 동사의 활용형은?

    切符は どこで 買う。　　표는 어디에서 삽니까?

    ① 買ますか　　② 買えますか　　③ 買いますか

2. 순서대로 ( )에 들어갈 알맞은 조사는?

    バス(ㄱ) 乗る。 - 電車(ㄴ) 降りる。

    　　ㄱ　ㄴ　　　　　　ㄱ　ㄴ
    ① を, を　　　　② を, に
    ③ を, から　　　④ に, に

3. 보기에 주어진 단어들로 알맞은 문장을 만드세요.

     行きます, 歩いて, は, へ, 会社, 私

    ➡ _____

    나는 걸어서 회사에 갑니다.

    정답　1. ③ 買(か)いますか。[삽니까?] ⇒ 買(か)える [살 수 있다]　2. ③
    3. 私は 歩いて 会社へ 行きます。　＊歩(ある)く [걷다]

외국어출판을 선도하는 (주) 동인랑

히라가나와 카타카나를 쉽게 외운다!

초간단
일본어
글씨본

GO!

 **ひらがな** 히라가나　　오십음도 **五十音図**

	あ단	い단	う단	え단	お단
あ행	あ 아 a	い 이 i	う 우 u	え 에 e	お 오 o
か행	か 까 ka	き 끼 ki	く 꾸 ku	け 께 ke	こ 꼬 ko
さ행	さ 사 sa	し 시 shi	す 스 su	せ 세 se	そ 소 so
た행	た 따 ta	ち 찌 chi	つ 쯔 tsu	て 떼 te	と 또 to
な행	な 나 na	に 니 ni	ぬ 누 nu	ね 네 ne	の 노 no
は행	は 하 ha	ひ 히 hi	ふ 후 fu	へ 헤 he	ほ 호 ho
ま행	ま 마 ma	み 미 mi	む 무 mu	め 메 me	も 모 mo
や행	や 야 ya	い	ゆ 유 yu	え	よ 요 yo
ら행	ら 라 ra	り 리 ri	る 루 ru	れ 레 re	ろ 로 ro
わ행	わ 와 wa	い	う	え	を 오 o
					ん 응 n·m·ŋ·N

*위의 영어발음 표기는 헤본식 **ヘボン式** 표기로 여권 등에 사용하는 공식표기법이다.

カタカナ 카타카나

	ア단	イ단	ウ단	エ단	オ단
ア행	ア 아 a	イ 이 i	ウ 우 u	エ 에 e	オ 오 o
カ행	カ 카 ka	キ 키 ki	ク 쿠 ku	ケ 케 ke	コ 코 ko
サ행	サ 사 sa	シ 시 shi	ス 스 su	セ 세 se	ソ 소 so
タ행	タ 타 ta	チ 치 chi	ツ 츠 tsu	テ 테 te	ト 토 to
ナ행	ナ 나 na	ニ 니 ni	ヌ 누 nu	ネ 네 ne	ノ 노 no
ハ행	ハ 하 ha	ヒ 히 hi	フ 후 fu	ヘ 헤 he	ホ 호 ho
マ행	マ 마 ma	ミ 미 mi	ム 무 mu	メ 메 me	モ 모 mo
ヤ행	ヤ 야 ya	イ	ユ 유 yu	エ	ヨ 요 yo
ラ행	ラ 라 ra	リ 리 ri	ル 루 ru	レ 레 re	ロ 로 ro
ワ행	ワ 와 wa	イ	ウ	エ	ヲ 오 o

ン 응 n·m·ŋ·N

ひらがな

글자의 유래

미리 알아두기

あ安	か加	さ左	た太	な奈	は波	ま末	や也	ら良	わ和
い以	き幾	し之	ち知	に仁	ひ比	み美		り利	
う宇	く久	す寸	つ川	ぬ奴	ふ不	む武	ゆ由	る留	
え衣	け計	せ世	て天	ね禰	へ部	め女		れ礼	
お於	こ己	そ曾	と止	の乃	ほ保	も毛	よ与	ろ呂	を遠 ん无

ひらがな 1. 청음

TRACK 11

| あ행 | あ 아[a] | い 이[i] | う 우[u] | え 에[e] | お 오[o] |

あ행의 발음은 우리말의 아·이·우·에·오와 비슷하지만, う와 お는 입술을 둥글게 하지 않고 발음하며, う는 우리말의 으 와 우 의 중간 발음에 가깝다.

» 1획과 2획이 직선이 되지 않도록 둥글둥글하게 쓴다.

· あめ
사탕

» り가 되지 않도록 왼쪽 획은 길고 오른쪽 획은 짧게 쓴다.

· いちご
딸기

» 1획을 작게 하고 2획이 ㄱ과 같이 꺾이지 않도록 쓴다.

· うどん
우동

» △형의 모양으로 1획의 점은 중앙의 위에 작게 찍는다.

· えき
역

» 1획은 짧게 긋고 2획은 수직선을 길게 내려 그은 다음 삐쳐 올린다.

· おでん
오뎅

청음이란, 일본어의 오십음도에 나와 있는 음들을 말한다. 성대에 손을 대고 발음을 해 보면 거의 떨림이 없이 일정하다는 것을 알 수 있다.

か행	か	き	く	け	こ
	까 [ka]	끼 [ki]	꾸 [ku]	께 [ke]	꼬 [ko]

か행의 발음은 우리말의 가·기·구·게·고 보다는 약간 된소리이지만 **카·키·쿠·케·코** 처럼 너무 강하게 발음하지 않도록 한다.

 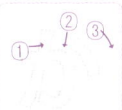

» 1획의 처음 부분을 힘있게 시작하여 직각이 되지 않도록 둥글게 쓴다. 3획은 너무 멀지 않도록 한다.

・かさ
우산

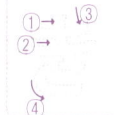

» 1획은 2획보다 짧게 쓰고 3획의 끝 부분이 멈춰지도록 한다.

・きもの
기모노

» 좁은 직사각형의 글자로 힘있게 눌러 쓰다가 가운데 부분에서 힘을 약간 뺀 다음 꺾이지 않게 쓴다.

・くすり
약

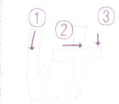

» □형의 모양으로 1획은 끝 부분을 삐쳐 올리며 3획은 약간 길게 뺀다.

・けいさつ
경찰

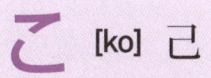 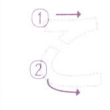

» 1획은 2획보다 짧다. 2획의 끝부분은 눌러서 멈춘다.

・こたつ
고다츠

ひらがな 1. 청음

TRACK 11

| さ 행 | さ 사 [sa] | し 시 [shi] | す 스 [su] | せ 세 [se] | そ 소 [so] |

さ행의 발음은 우리말의 사·시·스·세·소를 부드럽게 발음하듯이 한다. 입은 크게 벌리지 않는 것이 좋다.

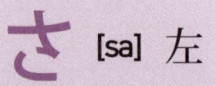 

さしみ

사시미 (회)

» 한 획으로 연결된 것 같이 쓴다. 2획의 끝 부분은 빼지말고 힘을 넣어 멈춘다.

しお

소금

» 한 번에 선을 긋는다. 아래 부분이 꺾이지 않도록 한다.

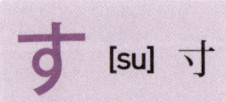 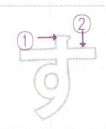

すし
스시 (초밥)

» 1획을 길게 하고 2획은 내려 긋다가 한 바퀴 돌려 뺀다.

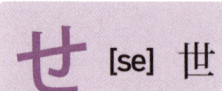 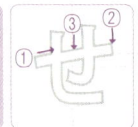

せいと
학생

» 1획을 약간 올려 길게 긋고 3획은 둥글게 쓰다가 멈춘다.

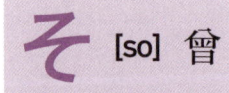 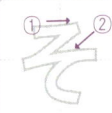 

そば
메밀국수
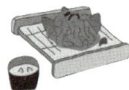

» 마름모꼴이 되도록 2획을 길게 쓰되 단숨에 쓴다. そ라고 2번에 나누어 쓰기도 한다.

た행

た	ち	つ	て	と
따 [ta]	찌 [chi]	쯔 [tsu]	떼 [te]	또 [to]

た·て·と 는 타·테·토 보다 약하게 발음하되 단어의 중간에 있을 때는 따·떼·또 보다 약하게 들린다.

た [ta] 太

» 1획을 짧게 살짝 올리고, 2획은 비스듬히 길게 쓴다. 3획과 4획은 너무 좁거나 넓지 않도록 한다.

· たこやき
다꼬야끼

ち [chi] 知

» さ와 혼동하지 않도록 2획을 시계방향으로 돌려 뺀다.

· ちず
지도

つ [tsu] 川

» 힘있게 펜을 대고 단숨에 시계방향으로 돌려 뺀다.

· つき
달

て [te] 天

» ▽형 모양의 글자로 약간 올려 쓰다가 반대쪽 방향으로 꺾어 단숨에 긋는다.

· てがみ
편지
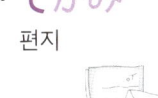

と [to] 止

» 1획은 약간 비스듬히 내려 긋고 2획은 글자의 균형이 잡히도록 둥글게 받쳐준다.

· とうふ
두부

ひらがな 1.청음

TRACK 11

| な행 | な 나 [na] | に 니 [ni] | ぬ 누 [nu] | ね 네 [ne] | の 노 [no] |

な행은 우리말의 나·니·누·네·노 음과 비슷하다.

な [na] 奈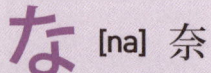

» 1획과 2획을 비스듬하게 긋고 3획과 4획은 한 획처럼 둥글게 돌려내려 쓰고 끝을 멈춘다.

- なまビール 생맥주

に [ni] 仁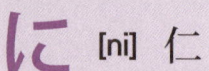

» ㅁ형 글자로 1획은 끝을 삐쳐 올리고, 2획과 3획의 간격이 너무 넓거나 좁지 않게 한다.

- にじ 무지개

ぬ [nu] 奴

» 좁은 직사각형의 글자로 힘있게 눌러 쓰다가 가운데 부분에서 힘을 약간 뺀 다음 꺾이지 않게 쓴다.

- ぬいぐるみ 봉제인형

ね [ne] 禰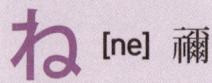

» 정사각형 글자로 1획은 수직으로 내려 긋고 2획은 단숨에 시계방향으로 둥글게 그어 멈춘다.

- ねぎ 파

の [no] 乃

» 1획으로 대각선을 긋고 단숨에 시계방향으로 돌려 뺀다.

- のりまき 김밥

は행	は	ひ	ふ	へ	ほ
	하 [ha]	히 [hi]	후 [fu]	헤 [he]	호 [ho]

は행의 발음은 우리말의 **하·히·후·헤·호** 음과 비슷하게 발음한다. ふ는 촛불을 끌 때의 입술모양으로 발음한다.

は [ha] 波

» 1획의 처음 부분을 힘있게 시작하여 직각이 되지 않도록 둥글게 쓴다. 3획은 너무 멀지 않도록 한다.

- はし
  젓가락

ひ [hi] 比

» 약간 올리다가 시계반대방향으로 꺾어 둥글게 하고 끝 부분은 밑으로 꺾어 내려 멈춘다.

- ひこうき
  비행기

ふ [hu] 不

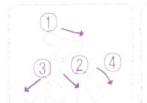

» △형 글자로 1획의 점을 힘주어 찍고 2획은 부드럽게 곡선을 그리며 내린다. 다음 3, 4 획을 붓으로 이어 쓰듯이 긋는다.

- ふとん
  이불

へ [he] 部

» 누운 직사각형의 모양으로 1획으로 쓴다.

- へや
  방

ほ [ho] 保

» □형 글자로 1획은 아래로 그어 삐쳐 올리고 「王」자를 쓰듯이 한 다음 아래를 둥글게 하고 멈춘다.

- ほし
  별

ひらがな 1. 청음

TRACK 11

| ま행 | ま 마 [ma] | み 미 [mi] | む 무 [mu] | め 메 [me] | も 모 [mo] |

ま행은 우리말의 **마·미·무·메·모** 와 같이 양 입술에서 나는 음에 가깝다.

ま [ma] 末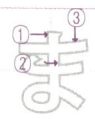

» 직사각형 글자로 1획은 2획보다 길게 쓰고 3획은 수직으로 내려 긋다가 둥글게 하여 멈춘다.

み [mi] 美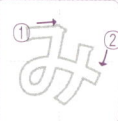

» △형 글자로 1획의 부분은 짧게 한다. 2획은 너무 길지 않게 쓴다.

む [mu] 武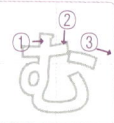

» □형 글자로 2획은 단숨에 돌려야하고 3획은 약간 높은 위치에 찍는다.

め [me] 女

» 1획은 비스듬히 짧게 내리고 2획은 시계방향으로 단숨에 돌려뺀다.

も [mo] 毛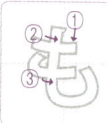

» 1획은 붓을 눌러 단숨에 긋고, 2·3획은 비스듬히 짧게 쓴다.

· **まくら**
베개

· **みかん**
귤

· **むすこ**
아들

· **めがね**
안경

· **もも**
복숭아

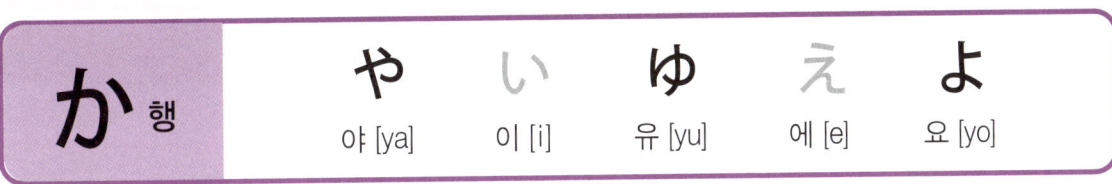

や행은 우리말의 야·유·요를 짧게 발음하듯이 한다. 다만 ゆ는 입술을 앞으로 내밀지 않도록 한다.

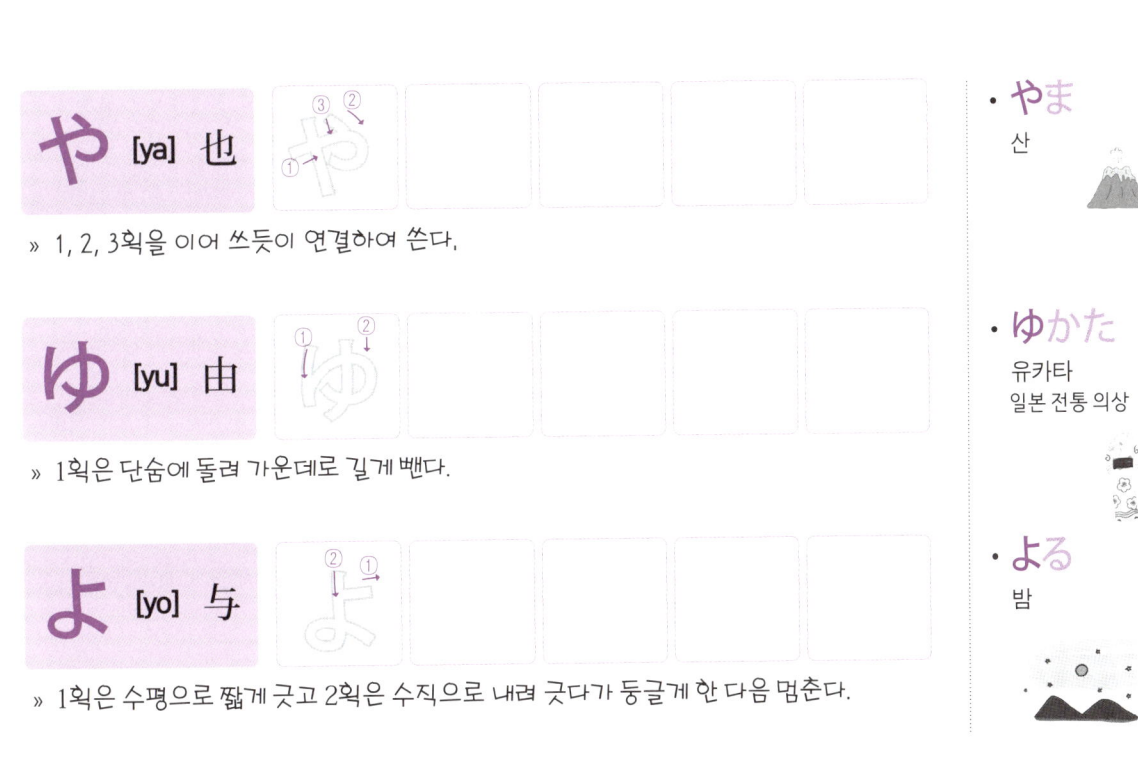

» 1, 2, 3획을 이어 쓰듯이 연결하여 쓴다.

» 1획은 단숨에 돌려 가운데로 길게 뺀다.

» 1획은 수평으로 짧게 긋고 2획은 수직으로 내려 긋다가 둥글게 한 다음 멈춘다.

ひらがな　1. 청음

TRACK 11

| ら행 | ら
라 [ra] | り
리 [ri] | る
루 [ru] | れ
레 [re] | ろ
로 [ro] |

ら행의 발음은 우리말의 **라·리·루·레·로** 와 비슷하다. 단, る는 입술이 둥글게 되지 않도록 유의 해야 한다.

ら [ra] 良　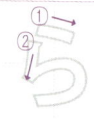

» う 가 되지 않도록 유의한다.

・らーめん
라면

り [ri] 利　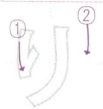

» 2획보다 1획의 길이를 짧게 수직으로 내린다. い 가 되지 않도록 한다.

・りんご
사과

る [ru] 留　

» 1획을 짧게 긋고 꺾어 내리다가 시계방향으로 돌린다. 끝 부분이 밖으로 나가지 않도록 한다.

・るす
부재중

れ [re] 礼　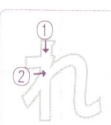

» □형의 모양으로 2획의 끝 부분을 밖으로 뺀다. ね, わ 와 혼동하지 않도록 한다.

・れいぞうこ
냉장고

ろ [ro] 呂　

» る 와 비슷하게 쓰다가 끝부분을 뺀다. 3자처럼 되지 않도록 한다.

・ろうそく
촛불

わ행・ん

わ	い	う	え	を	ん
와 [wa]	이 [i]	우 [u]	에 [e]	오 [o]	응 [n·m·ŋ]N

わ는 와와 거의 비슷하며, を는 お와 발음은 같지만 조사로만 쓰이는 글자이다.

わ [wa] 和
» 1획을 내려긋고 시계방향으로 돌려 뺀다. ね, れ의 구별에 유의한다.

・わりばし
나무젓가락

を [o] 遠
» 1획을 짧게 긋고 2획은 영어의 h자처럼 쓴 다음, 3획으로 균형을 잡는다. 끝 부분은 멈춘다.

・そらをみる
하늘을 보다

ん [n·m·ŋ·N] 无
» △형모양의 글자로 영어의 필기체 h자처럼 쓰되 밖으로 넉넉하게 뺀다.

・かばん
가방

연습

★ [ㄴ]으로 발음   [さ・ざ・た・だ・な・ら]행의 앞
    はんたい 한 따이 [反對] 반대   うんどう 운 도- [運動] 운동

★ [ㅁ]으로 발음   [ま・ば・ぱ]행의 앞
    ぶんめい 붐 메- [文明] 문명   しんぶん 심 붕 [新聞] 신문

★ [ㅇ]으로 발음   [あ・か・が・や・わ]행의 앞 또는 [ん]으로 끝날 때
    にんげん 닝 겡 [人間] 인간   でんわ 뎅 와 [電話] 전화

ひらがな 2. 탁음

TRACK 11

| が행 | が 가 [ga] | ぎ 기 [gi] | ぐ 구 [gu] | げ 게 [ge] | ご 고 [go] |

が행은 우리말의 단어 중간에 있는 가·기·구·게·고와 비슷하다.

が [ga]

» か의 오른쪽 어깨에 탁점(゛)을 찍는다. 너무 멀리 찍지 않는다.

· がっこう
학교

ぎ [gi]

» き의 오른쪽 어깨에 탁점(゛)을 찍는다. 너무 멀리 찍지 않는다.

· ぎんこう
은행

ぐ [gu]

» く의 오른쪽 어깨에 탁점(゛)을 찍는다. 너무 멀리 찍지 않는다.

· ぐあい [具合]
상태

げ [ge]

» け의 오른쪽 어깨에 탁점(゛)을 찍는다. 너무 멀리 찍지 않는다.

· げた
게따

ご [go]

» こ의 오른쪽 어깨에 탁점(゛)을 찍는다. 너무 멀리 찍지 않는다.

· ごみばこ
쓰레기통

탁음이란, か·さ·た·は행의 오른쪽 윗부분에 탁점 [゛]을 찍어 흐린 소리가 나오는 것을 말한다.

| ざ행 | ざ 자 [za] | じ 지 [ji] | ず 즈 [zu] | ぜ 제 [ze] | ぞ 조 [zo] |

우리말의 **자·지·즈·제·조** 음과 비슷하다.

ざ [za]

» さ의 오른쪽 어깨에 탁점(゛)을 찍는다. 너무 멀리 찍지 않는다.

じ [ji]

» し에 탁점(゛)이 너무 멀거나 가깝지 않도록 한다.

ず [zu]

» ず 는 동그라미를 너무 크게 만들지 않는다. 탁점(゛)은 동그라미 옆이 아닌 우측 상단이다.

ぜ [ze]

» ぜ 는 2획을 그을 때 너무 길게 해서 3획 끝에 닿으면 안된다.

ぞ [zo]

» 빨리 쓰다보면 흘림체가 되어 한 획처럼 보이므로 또박또박 써보자.

- **ざるそば**
자루소바

- **じかん**
시간

- **すずめ** [雀]
참새

- **ぜひ**
꼭

- **ぞう** [象]
코끼리

ひらがな   2. 탁음

TRACK 11

| だ행 | だ 다 [da] | ぢ 지 [ji] | づ 즈 [zu] | で 데 [de] | ど 도 [do] |

だ행 중 だ·で·ど 는 단어 중간의 다·데·도 음과 비슷하다. ぢ와 づ는 각각 じ와 ず음과 발음이 같다.

だ [da]

» た의 오른쪽 어깨에 탁점(゛)을 찍는다. 너무 멀리 찍지 않는다.

- だいこん
  무

ぢ [ji]

» ぢ는 탁점이 ち의 1획에 닿지 않도록 한다.

- ちぢむ
  줄어들다

づ [zu]

» つ는 너무 작게 쓰면 촉음과 구분이 안되므로 넉넉히 쓰고 탁점(゛)을 찍는다.

- つづく
  계속되다

で [de]

» で는 て의 둥근 부분이 좌우 어느쪽으로든 치우치면 안된다.

- でぐち
  출구

ど [do]

» ど는 1획을 2획의 둥근 허리부분에 걸치지말고 중간경사면에 긋고 탁음을 찍는다.

- どうぶつ
  동물

| ば행 | ば バ [ba] | び ビ [bi] | ぶ ブ [bu] | べ ベ [be] | ぼ ボ [bo] |

ば행은 우리말의 **바·비·부·베·보** 음과 비슷하다.

ば [ba]

» は의 오른쪽 어깨에 탁점(゛)을 찍는다.

· **ばか**
바보, 멍청이

び [bi]

» ひ의 오른쪽 어깨에 탁점(゛)을 찍는다.

· は**な**び
불꽃놀이

ぶ [bu]

» ふ의 오른쪽 어깨에 탁점(゛)을 찍는다.

· **ぶ**らんこ
그네

べ [be]

» へ의 오른쪽 어깨에 탁점(゛)을 찍는다.

· **べ**んとう
도시락

ぼ [bo]

» ほ의 오른쪽 어깨에 탁점(゛)을 찍는다.

· **ぼ**く
나

3. 반탁음

ひらがな

반탁음이란, は행의 오른쪽 윗부분에 반탁점 [°]을 찍어 나타내며 된소리로 발음한다.

TRACK 11

ぱ 행	ぱ	ぴ	ぷ	ぺ	ぽ
	빠 [pa]	삐 [pi]	뿌 [pu]	뻬 [pe]	뽀 [po]

우리말의 **파·피·푸·페·포**에 가깝다. 단, 단어의 중간에서는 **빠·삐·뿌·뻬·뽀**에 가까운 발음이다.

» は의 오른쪽 어깨에 반탁점(°)을 찍는다. 너무 멀리 찍지 않는다.

· ぱたぱた
탁탁

» ひ의 오른쪽 어깨에 반탁점(°)을 찍는다. 너무 멀리 찍지 않는다.

· ぴかぴか
번쩍번쩍

» ふ의 오른쪽 어깨에 반탁점(°)을 찍는다. 너무 멀리 찍지 않는다.

· ぷかぷか
뻐끔뻐끔

» へ의 오른쪽 어깨에 반탁점(°)을 찍는다. 너무 멀리 찍지 않는다.

· ぺこぺこ
굽실굽실

» ほ의 오른쪽 어깨에 반탁점(°)을 찍는다. 너무 멀리 찍지 않는다.

· ぽかぽか
포근포근

ひらがな — 4. 요음

요음이란, い단의 자음 즉, き・ぎ・し・じ・ち・に・ひ・び・ぴ・み・り에 작은 や・ゆ・よ를 오른쪽 밑에 붙여서 짧게 한음절로 발음하면 된다.

TRACK 11

きゃ	きゅ	きょ	ぎゃ	ぎゅ	ぎょ
꺄 [kya]	뀨 [kyu]	꾜 [kyo]	갸 [gya]	규 [gyu]	교 [gyo]

きゃ 꺄 [kya] · きゃく [客] 손님

きゅ 뀨 [kyu] · きゅうか [休暇] 휴가

きょ 꾜 [kyo] · きょねん [去年] 작년

ぎゃ 갸 [gya] · ぎゃく 반대

ぎゅ 규 [gyu] · ぎゅうにゅう [牛乳] 우유

ぎょ 교 [gyo] · ぎょうれつ 행렬 : 열을 지어서 걸음

ひらがな 4. 요음

| しゃ 샤[sha] | しゅ 슈[shu] | しょ 쇼[sho] | じゃ 쟈[ja] | じゅ 쥬[ju] | じょ 죠[jo] |

しゃ 샤[sha]

- **しゃしん**
  [写真] 사진

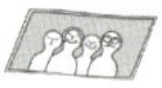

しゅ 슈[shu]

- **しゅみ**
  [趣味] 취미

しょ 쇼[sho]

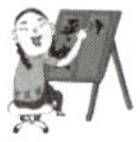

- **しょくじ**
  [食事] 식사

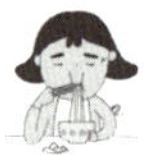

じゃ 쟈[ja]

- **じゃがいも**
  감자

じゅ 쥬[ju]

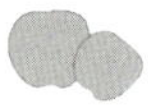

- **じゅうしょ**
  [住所] 주소

じょ 죠[jo]

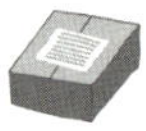

- **じょせい**
  [女性] 여성

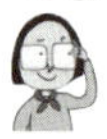

ちゃ	ちゅ	ちょ	ぢゃ	ぢゅ	ぢょ
쨔 [cha]	쮸 [chu]	쬬 [cho]	쟈 [ja]	쥬 [ju]	죠 [jo]

ちゃ 쨔 [cha]

ちゅ 쮸 [chu]

ちょ 쬬 [cho]

ぢゃ 쟈 [ja]

ぢゅ 쥬 [ju]

ぢょ 죠 [jo]

- **ちゃ**
  [お茶] 차

- **ちゅうもん**
  [注文] 주문

- **ちょうかん**
  [朝刊] 조간

ひらがな 4. 요음

にゃ	にゅ	にょ	ひゃ	ひゅ	ひょ
냐 [nya]	뉴 [nyu]	뇨 [nyo]	햐 [hya]	휴 [hyu]	효 [hyo]

にゃ 냐 [nya]

- こん**にゃ**く
  곤약

にゅ 뉴 [nyu]

- **にゅ**うがく
  [入学] 입학

にょ 뇨 [nyo]

- てん**にょ**
  [仙女] 선녀

ひゃ 햐 [hya]

- **ひゃ**く
  [百] 100

ひゅ 휴 [hyu]

ひょ 효 [hyo]

- **ひょ**うき
  [表記] 표기

TRACK 11

びゃ	びゅ	びょ	ぴゃ	ぴゅ	ぴょ
뱌 [bya]	뷰 [byu]	뵤 [byo]	뺘 [pya]	쀼 [pyu]	뾰 [pyo]

びゃ 뱌 [bya]

- さんびゃく
  [三百] 300

びゅ 뷰 [byu]

- びゅうびゅう
  휙~휙~

びょ 뵤 [byo]

- びょういん
  [病院] 병원

ぴゃ 뺘 [pya]

- ろっぴゃく
  [六百] 600

ぴゅ 쀼 [pyu]

- ぴゅうぴゅう
  바람소리가 씽~씽~

ぴょ 뾰 [pyo]

- ぴょんぴょん
  깡충깡충

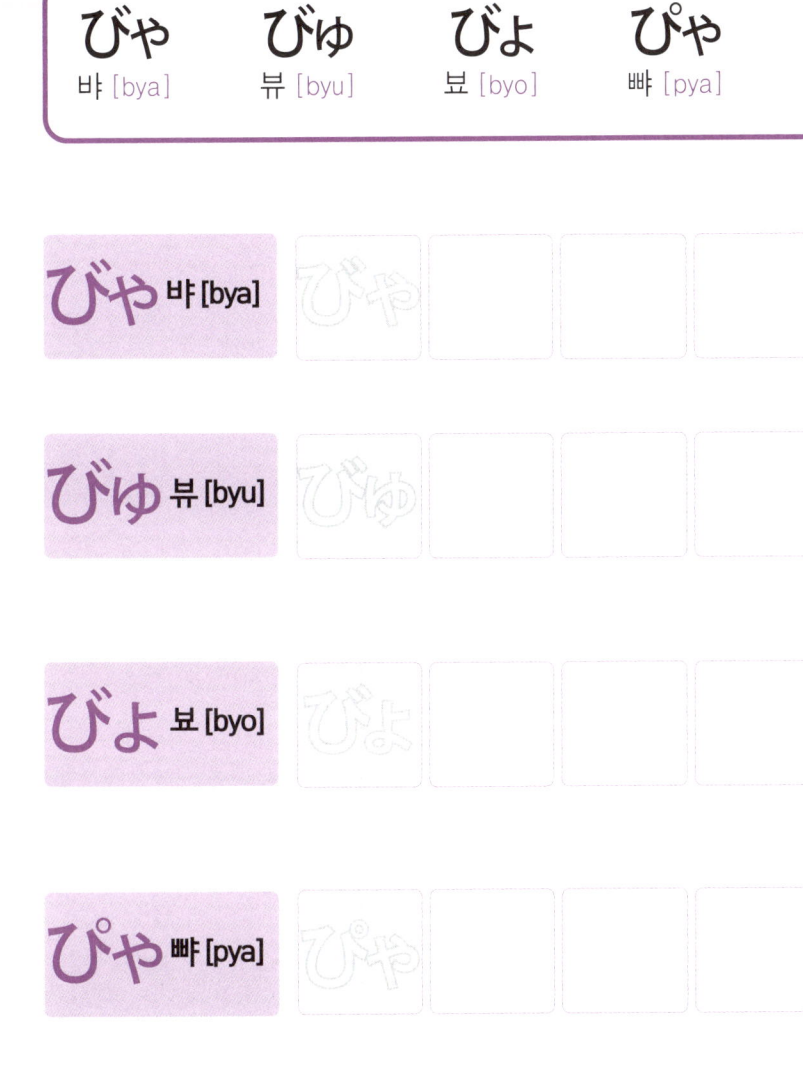

ひらがな 4. 요음

TRACK 11

みや	みゆ	みよ	りゃ	りゅ	りょ
먀 [mya]	뮤 [myu]	묘 [myo]	랴 [rya]	류 [ryu]	료 [ryo]

みゃ 먀 [mya]

- **みゃく**
  [脈] 맥

みゅ 뮤 [myu]

みょ 묘 [myo]

- **みょうじ**
  [名字] 성

りゃ 랴 [rya]

- **りゃくず**
  [略図] 약도
  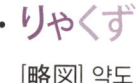

りゅ 류 [ryu]

- **りゅうこう**
  유행

りょ 료 [ryo]

- **りょこう**
  [旅行] 여행

カタカナ

 미리 알아두기

ア阿	カ加	サ散	タ多	ナ奈	ハ八	マ末	ヤ也	ラ良	ワ和
イ伊	キ幾	シ之	チ千	ニ二	ヒ比	ミ三		リ利	
ウ宇	ク久	ス須	ツ川	ヌ奴	フ不	ム牟	ユ由	ル流	
エ江	ケ介	セ世	テ天	ネ祢	ヘ部	メ女		レ礼	
オ於	コ己	ソ曾	ト止	ノ乃	ホ保	モ毛	ヨ与	ロ呂	ヲ乎 ン爾

カタカナ 1.청음

TRACK 11

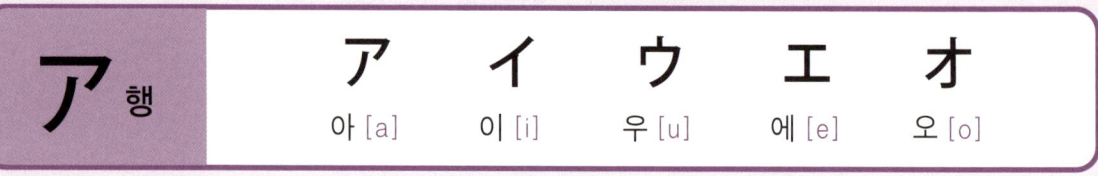

あ행의 발음은 우리말의 **아·이·우·에·오**와 비슷하지만, ウ와 オ는 입술을 둥글게 하지 않고 발음하며, ウ는 우리말의 으와 우의 중간 발음에 가깝다.

» マ와 혼동하지 않게 하고 2획은 가운데 중심에서 비스듬히 삐쳐 왼쪽으로 내려 긋는다.

» 1획은 약간 가볍게 삐치며 한자의 사람인 변(仁의 亻)과 같이 쓴다.

» ラ와 혼동하지 않도록 하며 3획은 너무 길지 않게 비스듬히 꺾어내려 긋는다.

» 1획을 3획보다 짧게 쓰며 그와 혼동하지 않게 쓴다. H자 눕힌것.

» 2획은 수직으로 내려 그은 후 삐쳐 올리고 3획은 끝이 나오지 않게 비스듬히 내려 긋는다.

청음이란, 일본어의 오십음도에 나와 있는 음들을 말한다. 성대에 손을 대고 발음을 해 보면 거의 떨림이 없이 일정하다는 것을 알 수 있다.

| 力 행 | カ 카[ka] | キ 키[ki] | ク 쿠[ku] | ケ 케[ke] | コ 코[ko] |

力행의 발음은 우리말의 **가·기·구·게·고** 보다는 약간 된소리 이지만 **카·키·쿠·케·코** 처럼 너무 강하게 발음하면 안된다.

力 [ka] 加

» 1획과 2획은 쌍을 이루도록 하고 힘 력 力자를 쓰듯이 한다.

キ [ki] 幾

» 1획과 2획은 비스듬히 쌍을 이루도록 하고 3획은 비스듬히 아래로 내려 긋는다.

ク [ku] 久

» 1획과 2획은 쌍을 이루도록 하고 2획을 길게비스듬히 내려 긋는다. 夕와 혼동하지 않도록 한다.

ケ [ke] 介

» 1획과 3획은 평행이 되게 하며 각 획의 방향에 유의하며 쓴다.

コ [ko] 己

» 1획의 세로 획은 직각으로 내려긋고 2획은 밖으로 삐치지 않도록 한다. ユ(yu 유)와 혼동하지 않도록 한다.

カタカナ 1. 청음　　　　　　　　　　　　　　TRACK 11

| サ행 | サ 사[sa]　シ 시[shi]　ス 스[su]　セ 세[se]　ソ 소[so] |

サ행은 우리말의 사·시·스·세·소를 부드럽게 발음하듯이 한다. 입은 크게 벌리지 않는 것이 좋다.

» 2획은 똑바로 내려 긋고 3은 비스듬히 세로로 내려 긋는다.

» 3획은 밑에서 위로 삐쳐 올린다. ツ와 혼동하지 않도록 한다.

» 2획은 1획의 삐침 중간에 위치하여 너무 짧지 않도록 긋는다. ヌ(nu 누)와 혼동하지 않도록 한다.

» 1획의 오른쪽이 약간 올라가서 각이 지게 꺾는다.

» 마름모꼴이 되도록 2획은 비스듬히 내려긋는다. ン(n,m,g,N 응)과 혼동하지 않는다.

タ・テ・ト는 타・테・토 보다 약하게 발음하되 단어의 중간에 있을 때는 따・떼・또 보다 약하게 들린다.

タ [ta] 多

» 1과 2는 쌍을 이루도록 하고 가운데 점이 중앙에 오도록 한다. ク와 혼동 유의.

チ [chi] 千

» 1획은 약간 비스듬히 오른쪽에서 왼쪽으로 2획은 좌에서 우로 약간 휘도록 올린다.

ツ [tsu] 川

» 1, 2획은 위에서 아래로 점을 찍듯이 하고 3획은 비스듬히 중앙을 향하여 내려 긋는다.

テ [te] 天

» 1획보다 2획을 길게 하고 3획은 중앙에서 왼쪽으로 비스듬히 내려긋는다.

ト [to] 止

» 2획은 위쪽에서 아래로 찍는다.

カタカナ 1.청음

TRACK 11

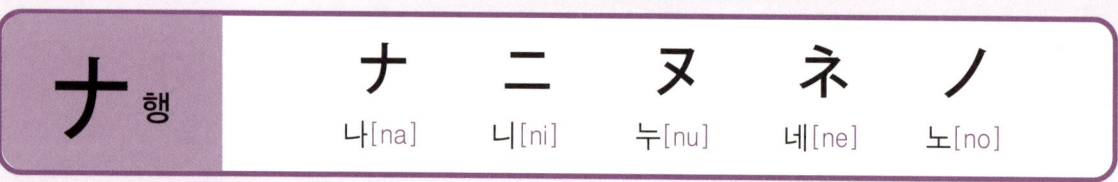

ナ행	ナ	ニ	ヌ	ネ	ノ
	나[na]	니[ni]	누[nu]	네[ne]	노[no]

ナ행은 우리말의 나·니·누·네·노 음과 비슷하게 발음한다.

ナ [na] 奈
» 2획은 약간 왼쪽으로 휘도록 내려긋는다.

ニ [ni] 二
» 1획과 2획이 쌍을 이루도록 하고 2획을 약간 길게 긋는다.

ヌ [nu] 奴
» 2획의 점이 중앙에 오도록 한다. ス(su 스)와 혼동 유의.

ネ [ne] 祢
» 1획의 점이 중앙에 오도록 하여 마름모꼴이 되도록 한다.

ノ [no] 乃
» 위에서 아래로 단순에 비스듬히 삐쳐 쓴다.

174

| ハ행 | ハ / 하 [ha] | ヒ / 히 [hi] | フ / 후 [fu] | ヘ / 헤 [he] | ホ / 호 [ho] |

ハ행의 발음은 우리말의 하·히·후·헤·호 음과 비슷하게 발음 한다. フ는 촛불을 끌 때의 입술모양으로 발음한다.

ハ [ha] 八

» 한자의 八가 되지 않게 한다.

ヒ [hi] 比

» 1획의 오른쪽이 약간 올라가도록 하여 왼쪽으로 비스듬히 긋는다.
» 필순에 유의.

フ [fu] 不

» 평행으로 긋다가 비스듬히 아래로 삐친다.

ヘ [he] 部

» 산에서 내려오듯 부드럽게 긋는다.

ホ [ho] 保

» 3획과 4획을 연결시키지 않으며 서로 대칭이 되도록 하여 마름모꼴이 되도록 한다.

カタカナ

1. 청음

TRACK 11

マ 행

マ	ミ	ム	メ	モ
마 [ma]	미 [mi]	무 [mu]	메 [me]	모 [mo]

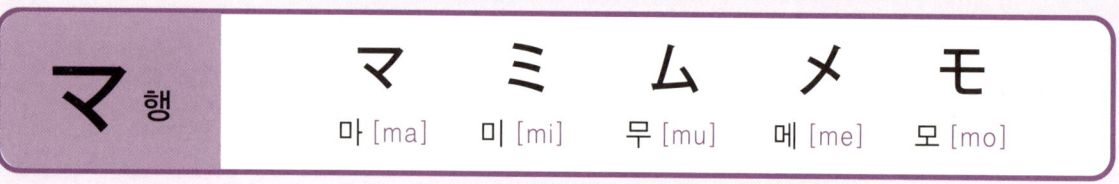

マ행은 우리말의 마·미·무·메·모 와 같이 양 입술에서 나는 음에 가깝다.

マ [ma] 末

» 2획의 점이 막아주어 균형있게 쓴다.

ミ [mi] 三

» 왼쪽에서 오른쪽으로 비스듬히 간격을 일정하게 하여 약간 내려 긋는다.

ム [mu] 牟

» 한 획 한 획 각지게 쓴다.

メ [me] 女

» 1획은 오른쪽에서 왼쪽으로 비스듬히 내려긋고 2획이 중앙에서 약간 위쪽으로 올라간 위치에서 긋는다. 1획보다 2획을 짧게 쓴다.

モ [mo] 毛

» 1획보다 2획을 길게 쓰며 3획은 곧게 내린다.

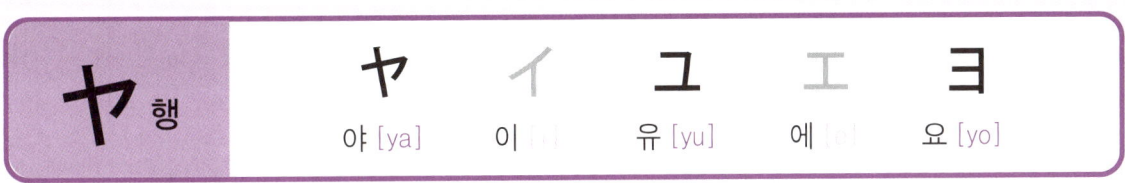

ヤ행은 우리말의 **야·유·요**를 짧게 발음하듯이 한다. 다만 **그**는 입술을 앞으로 내밀지 않도록 한다.

ヤ [ya] 也

» 1획의 오른쪽을 약간 올리고 안으로 삐친 후 2획을 비스듬히 교차시켜 내려 쓴다.

ユ [yu] 由

» 1획의 세로획을 약간 비스듬히 내리고 그 선과 만나도록 옆으로 긋는다. ユ와 혼동하지 않도록 한다.

ヨ [yo] 与

» ヨ의 1획 화살표를 처음부터 시작할 것 ⌐ (가로 길게)

カタカナ 1.청음

| ラ행 | ラ 라[ra] | リ 리[ri] | ル 루[ru] | レ 레[re] | ロ 로[ro] |

ラ행의 발음은 우리말의 라·리·루·레·로 와 비슷하다. 단, ル는 입술이 둥글게 되지 않도록 유의해야 한다.

ラ [ra] 良

» 1획을 2획보다 길지 않게 하고 적당한 간격을 유지시킨다. ウ가 되지 않도록 유의한다.

リ [ri] 利

» 1획과 2획이 평행이 되도록 하고 2획을 길게 왼쪽으로 내려 긋는다.

ル [ru] 流

» 1획을 약간 작게 삐치고 2획을 세로로 그었다 꺾어 올린다.

レ [re] 礼

» 우리말의 ㄴ받침이 되지 않도록 하고 단숨에 보기 좋게 꺾어 올린다.

ロ [ro] 呂

» 우리말의 ㅁ받침 보다 약간 작게 쓴다.

ワ행・ン   ワ イ ウ エ ヲ ン
와[wa] 이[i] 우[u] 에[e] 오[o] 응[n·m·ŋ·N]

ワ는 와 와 (우리말 발음과) 거의 비슷하다.

ワ [wa] 和

» 1획을 똑바로 짧게 내려 그은 후 2획을 안쪽으로 꺾어 균형있게 쓴다.

ヲ [o] 乎

» 1획과 2획을 쌍을 이루도록 한다.

ン [n·m·ŋ·N] 爾

» 점의 방향에 유의하고 2획은 밑에서 위로 삐쳐 올린다.

자, 얼마 남지 않았으니 좀 더 기운을 내요!

| カタカナ | **2. 탁음** | TRACK 11 |

ガ행

| ガ | ガ | ギ | グ | ゲ | ゴ |
| 행 | 가[ga] | 기[gi] | 구[gu] | 게[ge] | 고[go] |

ガ행은 우리말의 단어 중간에 있는 가·기·구·게·고 와 비슷하다.

ガ 가[ga]
» カ 의 오른쪽 어깨에 탁점(゛)을 찍는다. 너무 멀리 찍지 않는다.

ギ 기[gi]
» キ 의 오른쪽 어깨에 탁점(゛)을 찍는다.

グ 구[gu]
» ク 의 오른쪽 어깨에 탁점(゛)을 찍는다.

ゲ 게[ge]
» ケ 의 오른쪽 어깨에 탁점(゛)을 찍는다.

ゴ 고[go]
» コ 의 오른쪽 어깨에 탁점(゛)을 찍는다.

탁음이란, カ·サ·タ·ハ행의 오른쪽 윗 부분에 탁점 [゛]을 찍어 흐린 소리가 나오는 것을 말한다.

| ザ행 | ザ 자 [za] | ジ 지 [ji] | ズ 즈 [zu] | ゼ 제 [ze] | ゾ 조 [zo] |

ザ행의 발음은 우리말의 자·지·즈·제·조 음과 비슷하다.

ザ 자 [za]

» サ 의 오른쪽 어깨에 탁점(゛)을 찍는다.

ジ 지 [ji]

» シ 의 오른쪽 어깨에 탁점(゛)을 찍는다.

ズ 즈 [zu]

» ス 의 오른쪽 어깨에 탁점(゛)을 찍는다.

ゼ 제 [ze]

» セ 의 오른쪽 어깨에 탁점(゛)을 찍는다.

ゾ 조 [zo]

» ソ의 오른쪽 어깨에 탁점(゛)을 찍는다.

カタカナ

2. 탁음

TRACK 11

ダ 행	ダ	ヂ	ヅ	デ	ド
	다[da]	지[ji]	즈[zu]	데[de]	도[do]

ダ행 중 ダ·デ·ド는 단어 중간의 다·데·도 음과 비슷하다. ヂ와 ヅ는 각각 ジ와 ズ음과 발음이 같다.

ダ 다[da]

» タ 의 오른쪽 어깨에 탁점(゛)을 찍는다. 너무 멀리 찍지 않는다.

ヂ 지[ji]

» チ 의 오른쪽 어깨에 탁점(゛)을 찍는다.

ヅ 즈[zu]

» ツ의 오른쪽 어깨에 탁점(゛)을 찍는다.

デ 데[de]

» テ의 오른쪽 어깨에 탁점(゛)을 찍는다.

ド 도[do]

» ト 의 오른쪽 어깨에 탁점(゛)을 찍는다.

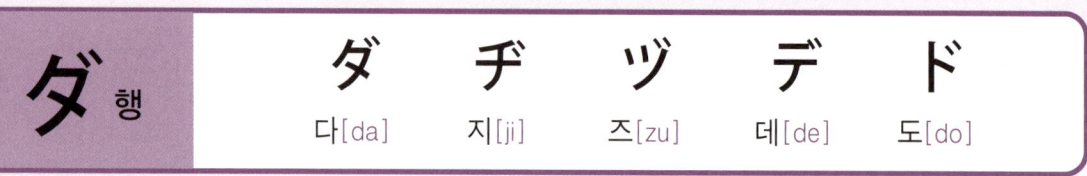

| バ행 | バ 바[ba] | ビ 비[bi] | ブ 부[bu] | ベ 베[be] | ボ 보[bo] |

バ행은 우리말의 바·비·부·베·보 음과 비슷하다.

バ 바[ba]
» ハ 의 오른쪽 어깨에 탁점(゛)을 찍는다.

ビ 비[bi]
» ヒ 의 오른쪽 어깨에 탁점(゛)을 찍는다.

ブ 부[bu]
» フ 의 오른쪽 어깨에 탁점(゛)을 찍는다.

ベ 베[be]
» ヘ 의 오른쪽 어깨에 탁점(゛)을 찍는다.

ボ 보[bo]
» ホ 의 오른쪽 어깨에 탁점(゛)을 찍는다.

カタカナ 3. 반탁음

반탁음이란, ハ행의 오른쪽 윗부분에 반탁점 [°]을 찍어 나타내며 된소리로 발음한다.

TRACK 11

| パ행 | パ 파[pa] | ピ 피[pi] | プ 푸[pu] | ペ 페[pe] | ポ 포[po] |

우리말의 파·피·푸·페·포에 가깝다. 단, 단어의 중간에서는 빠·삐·뿌·뻬·뽀에 가까운 발음이다.

パ 파[pa]

» ハ의 오른쪽 어깨에 반탁점(°)을 찍는다.

ピ 피[pi]

» ヒ의 오른쪽 어깨에 반탁점(°)을 찍는다.

プ 푸[pu]

» フ의 오른쪽 어깨에 반탁점(°)을 찍는다.

ペ 페[pe]

» ヘ의 오른쪽 어깨에 반탁점(°)을 찍는다.

ポ 포[po]

» ホ의 오른쪽 어깨에 반탁점(°)을 찍는다.

カタカナ 4. 요음

요음이란, イ단의 자음 즉, キ·ギ·シ·ジ·チ·ニ·ヒ·ビ·ピ·ミ·リ에 작은 ヤ·ユ·ヨ를 오른쪽 밑에 붙여서 짧게 한음절로 발음하면 된다.

TRACK 11

| キャ 캬[kya] | キュ 큐[kyu] | キョ 쿄[kyo] | ギャ 갸[gya] | ギュ 규[gyu] | ギョ 교[gyo] |

- キャ 캬[kya]
- キュ 큐[kyu]
- キョ 쿄[kyo]
- ギャ 갸[gya]
- ギュ 규[gyu]
- ギョ 교[gyo]

カタカナ 4. 요음

TRACK 11

| シャ 샤[sha] | シュ 슈[shu] | ショ 쇼[sho] | ジャ 쟈[ja] | ジュ 쥬[ju] | ジョ 죠[jo] |

チャ	チュ	チョ	ヂャ	ヂュ	ヂョ
챠 [cha]	츄 [chu]	쵸 [cho]	쟈 [ja]	쥬 [ju]	죠 [jo]

チャ 챠 [cha]

チュ 츄 [chu]

チョ 쵸 [cho]

ヂャ 쟈 [ja]

ヂュ 쥬 [ju]

ヂョ 죠 [jo]

カタカナ

4. 요음

TRACK 11

ニャ	ニュ	ニョ	ヒャ	ヒュ	ヒョ
냐 [nya]	뉴 [nyu]	뇨 [nyo]	햐 [hya]	휴 [hyu]	효 [hyo]

ニャ 냐 [nya] ニャ

ニュ 뉴 [nyu] ニュ

ニョ 뇨 [nyo] ニョ

ヒャ 햐 [hya] ヒャ

ヒュ 휴 [hyu] ヒュ

ヒョ 효 [hyo] ヒョ

| ビャ 뱌 [bya] | ビュ 뷰 [byu] | ビョ 뵤 [byo] | ピャ 퍄 [pya] | ピュ 퓨 [pyu] | ピョ 표 [pyo] |

カタカナ 4. 요음

TRACK 11

| ミヤ 먀[mya] | ミユ 뮤[myu] | ミヨ 묘[myo] | リャ 랴[rya] | リュ 류[ryu] | リョ 료[ryo] |

모양이 비슷한 ひらがな

あ → お (a, o)	い → り (i, ri)	ぬ → め (nu, me)	は → ほ (ha, ho)
う → ら (u, ra)	き → さ (ki, sa)	ま → も (ma, mo)	る → ろ (ru, ro)
こ → て (ko, te)	た → な (ta, na)	ね → れ → わ (ne, re, wa)	

모양이 비슷한 カタカナ

ア → マ (a, ma)	エ → ユ (e, yu)	ソ → ン (so, n·m·ŋ·N)	チ → ケ (chi, ke)
シ → ツ (shi, tsu)	セ → ヤ (se, ya)	テ → ラ (te, ra)	ヲ → ヨ (o, yo)
ス → ヌ (su, nu)	ク → ケ (ku, ke)	ヘ → ハ (he, ha)	ク → タ (ku, ta)

초간단 일본어 첫걸음 GO!

저자 김인숙 발행인 김인숙 발행처 디지스
4판 1쇄 2025년 1월 5일 편집 Designer, Illustration 김소아
Printing 삼덕정판사

대표전화 02-963-2456
팩시밀리 02-967-1555
01803 출판등록 6-694호
서울시 노원구 공릉동 653-5 ISBN 978-89-91064-51-5

◦Digis ⓒ2025, Digis Co.,Ltd.
All right reserved. No part of this book or MP3 CD may be reproduced or transmitted in any form or by any means, without permission in writing from the publisher.
본 교재에 수록되어 있는 모든 내용과 사진, 삽화 등의 무단 전재 · 복제를 금합니다.

본 교재에 수록되어 있는 사진의 일부는 일본관광청에서 제공하였습니다.

인터넷의 세계로 오세요!
www.donginrang.co.kr   www.digis.co.kr

◦Digis 에서는 참신한 외국어 원고를 모집합니다. e-mail : webmaster@donginrang.co.kr

디지스 일본어

카카오플러스에서 1:1 상담으로
함께 공부하세요!

내 발음 VS 일본어 발음
앱으로 체크하며 일본어를 학습한다!

mp3무료다운은 기본, 책으로 본 내용을 앱으로 복습하고 예습!

초간단 **일본어** 첫걸음 GO!

애플 앱스토어에서 **키박스 플레이어** 앱을 다운로드 받으세요.

구글 앱스토어에서 **키박스 플레이어** 앱을 다운로드 받으세요.

* 앱의 일부 기능은 유료입니다.

Digis 와 KeyBox 가 만나 사고쳤다!!

내 발음과 일본어 발음의 차이를
앱으로 체크하고 학습하는 시대!

앱으로 내가 설정한 학습루틴에 따라
앱이 학습진도를 확인하고 알려 준다

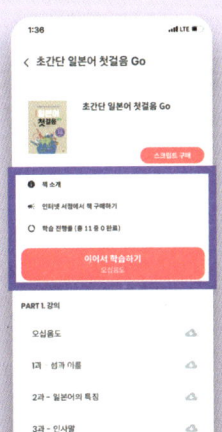

책 없이 앱으로 원어민의 mp3와
일본어 텍스트를 보면서 듣는다!